# AIを賢く利用して老後を図々しく生きる

和田秀樹

日本実業出版社

# はじめに

## AIは頼れるドラえもん。わがままを言える人が幸せになれる時代

ガラケーの生産が終了してスマホが主流となった今。ボタンからタッチパネルの操作に変わったから指が乾いて反応しない。まあメールが使えれば大丈夫かと思っていたら、子どもや孫からは「メールなんて古いよ。そろそろLINE覚えようよ」なんて言われるし、ファミレスに行くと店員さんは出てこなくて、タブレットで注文するらしいけれど、よくわからない……。

急激なデジタル技術の進化に「もうお手上げだ」なんてうんざりしている方も多いのではないでしょうか？　「デジタル老人」と呼ばれる勉強熱心で努力家のスーパー老人を見て、「自分には無理だ……」と感じてしまうのも無理はありません。

私たちの身の回りでは、ここ10年ほどで驚異的にデジタル化が進みました。世界と比較すると日本は変化が遅い傾向がありますが、コロナ禍によって否応なしにデジタル化を余儀なくされた、というところでしょうか。

そして最近、毎日のように耳にするのが「AI＝人工知能」の話題です。中でもChatGPT（チャットGPT）をはじめとしたAIサービスが世界中で注目されています。よくわからないカタカナ言葉で言われると、ますます覚える気が失せてしまいそうです。

ですが、このAI時代の到来はシニアにとって大いなる福音だと私は確信しています。**もう努力家で勉強熱心な「デジタル老人」を目指さなくてもいいのです。**

私は過去の著書の中で、「70歳からはガマンしない」「好きなものを食べて好きなことをしましょう」とお伝えしてきました。脂肪や糖質を気にして美味しくもないものを食べたり、危ないからと外出を控えたり、やりたいことを我慢してまで長生きをしても意味がない。幸せに生きるためにはわがままでいることが必要だと。

ＡＩは、デジタル技術と私たちをつなぐ架け橋のような存在です。ＡＩと上手に付き合うことで、記憶力やスキルの差にとらわれることなく、誰もがデジタル技術を使いこなせるようになります。**身体機能の衰えゆくシニアの方も、制限を受けずに自由な生活を送る可能性が広がるのです。**

今まで、パソコンやインターネット、スマホといったデジタル技術の恩恵を受けるには、「スキル」が求められました。どんなに高額のスマホを手に入れたところで、使い方を覚えなければ何もできないわけです。記憶力の優れた若い人たちはスイスイ覚えていけたとしても、シニアの方が同じように新しいことを覚えるには限界があります。

ところが、ＡＩを使うにあたってスキルは必要ありません。極端な話、やりたいことをただ話しかけるだけでＯＫ。あとはＡＩがあなたに代わって最適な方法を考え、実行に移してくれます。

たとえるなら、一人ひとりに専属のドラえもんがやってくる、そんな時代がもうすぐそこまで来ています。のび太君は、あれやこれやとドラえもんに悩みを相談していますよね。ドラえもんは悩みを解決できる方法は何かを考え、最適なアイテムを持ってきてくれます。アイテムの使い方も教えてくれますから、のび太君はただアイテムを使うだけ。さらにはのび太君を叱咤激励し、よき友として寄り添ってくれます。

ＡＩはまさにドラえもんであり、私たち人間はのび太君です。**あなたに必要なのは「わがまま」になること。**「何がしたいのか」「何に困っているのか」を伝えること。ひとりでがんばろうとしなくてもＡＩが助けてくれるのですから。

日本人はどういうわけか「忍耐こそ美徳」「わがままを言うことは悪」「人に迷惑をかけてはいけない」、そんな意識を根底に持っているように感じます。年をとり、できないことが増えて申し訳ない。なるべく自分で解決しよう、とがんばってしまう方も多いのではないでしょうか？

**シニアのみなさんはもう十分にがんばってきました。そろそろ自分を甘やかしましょう。むしろ、自分ひとりで何かをしようとせず、頼ることを大切にしましょう。**ＡＩをはじめとした技術の進歩によって、年齢も能力も関係なく、誰もが人生をより豊かにできる時代がもうすぐそこまで来ています。

本書では、ＡＩと上手に付き合う方法や、ＡＩによって広がる可能性、脳にもたらすポジティブな影響などをご紹介しながら、楽しく長生きするヒントをお話しします。なにかと老後の不安がつきまとう昨今ですが、長生きすることが少しでも楽しみだと感じていただけたら幸いです。

AIを賢く利用して老後を図々しく生きる　目次



# 第1章

# AI時代は長生きすることが楽しくなる！

## AIがあれば老後はこう変わる

# 第2章

# ジタバタせずに幸福に生き切るためのＡＩの使い方

## 老後の不安と正しく向き合う

## 老後の5つの不安をＡＩでプラス体験に変えよう

# 第3章

# AI時代を楽しむハッラツ老人になろう

ハッラッ老人になるために知っておきたい「老いの知識」



老後でいちばん怖い病「うつ病」の現実と対策

## 今日からできる病気の予防法

## 人生を最期まで楽しむ6つの考え方

カバーデザイン　ナカミツデザイン
本文デザイン　浅井寛子
イラスト　まつむらあきひろ
編集協力　杉野 遥
企画協力　種田心吾

第１章

# ＡＩ時代は長生きすることが楽しくなる！

# AIとITはまったくの別物

## そもそもAI（人工知能）とは？

「はじめに」の中でAIはドラえもんだと表現しましたが、ここで簡単に「AIとは何か」ということをお話しします。

AIはArtificial Intelligence（アーティフィシャル インテリジェンス）の略称であり、日本語では人工知能と訳されます。AIの最大の特徴は「学ぶコンピューター」であること。

この「学ぶ」技術は機械学習と呼ばれています。大量のデータを読み込ませると、データに潜むさまざまな規則性を学習し、未知のデータに対しても学習内容を応用して、さまざまな判断を下すことができるようになるというもの。新しいデータを覚えれば覚えるほど、より正確な判断ができるように成長していく、まさに知能です。

ＡＩの進化をわかりやすく感じられるのが、人間とのゲーム対決でしょう。初めてＡＩが人間に勝利したのは１９９６年のチェス対決。ＩＢＭが開発したスーパーコンピューター「ディープ・ブルー」が、当時の世界チャンピオン、ガルリ・カスパロフ氏に勝利を収めました。２０１７年には将棋ソフト「ポナンザ」が、将棋の佐藤天彦名人と9時間もの激戦の末に勝利しました。将棋界の覇者、藤井聡太名人と勝負をしたら一体どちらが勝つのでしょうね。気になるところです。

## ＩＴ時代はシニアには生きづらかった

以前、シニア層の女性を対象とした『ハルメク』という雑誌の編集長さんと対談したときのお話です。『ハルメク』は定期購読者が50万人を超える人気雑誌ですが（２０２３年1月8日現在）、特に売れた号の特徴を聞いてみると、「スマートフォンの使い方特集」「スマートフォンの裏技特集」だというのです。きっとデジタル老人をめざす方々が熱心に勉強されているのでしょう。

また、81歳でiPhone用のゲームアプリを開発して世界中から注目を浴びた、若宮正子さんのようなスーパーデジタル老人もいらっしゃいます。

とはいっても、です。みんながみんな勉強熱心なわけではありませんよね？　私自身も面倒くさがりなもので、スマートフォンの取扱説明書はほとんど読みません。さらにシニアともなれば脳機能が衰えはじめますから、誰もが抵抗なくスマートフォンの使い方を勉強して使いこなせるようになるかといえばそうではないでしょう。

現在、国内における65歳以上の人口は3625万人です（総務省統計局、2024年9月15日現在推計）。この中で単純に『ハルメク』の定期購読者の割合を計算すると1・3％ほどに過ぎません。

つまり、実際のところ**デジタル老人になるハードルは高くて「意欲がわかない」「面倒くさい」と考えている人のほうが圧倒的に多いのではないか**ということです。

お子さんやお孫さんなど、周りに教えてくれる方がいれば心配ないかもしれませんが、教えてもらえる環境がなければあきらめてしまう人もいるでしょう。やれパソコンだスマートフォンだとＩＴの進化に追いつき、次々と新しい環境に適応しようとすることは、脳機能が衰えるシニアにはとても負担が大きいのです。

高齢になると記憶力が衰えますし、50代、60代になると「前頭葉」の機能が本格的に低下していきます。前頭葉は主に感情の制御をつかさどる部位なのですが、「大脳皮質」と呼ばれる脳の表面の実に41％を占めています。ちなみに、人間ほど前頭葉が発達している生物は他にはおらず、前頭葉が「人間らしさ」を担っている部位だともいえます。

前頭葉が衰えると、感情のコントロールが難しくなる、意欲や創造性が低下するといった影響が出ます。さらに、新しい情報や考え方に対する柔軟性も失われ、頑固になったり疑い深くなったり、ということもあるのです。

年齢を重ねると、つい保守的な行動を取りがちです。たとえば、何かしら便利な方法を教わっても、昔からやってきた方法を変えるのは面倒くさい。料理はいつも同じものをつくっているほうが落ち着くから、新しいメニューには挑戦しない。挑戦を大きな負担に感じてしまうのは前頭葉の衰えが原因です。

記憶力もあって前頭葉が元気な若い人々に比べたら、同じことをやるにしてもシニア層にはハードルが高くなります。小中学生のほうが圧倒的に覚えは早いはずです。自分で使えることを前提とされたＩＴ時代は、シニアには不利な環境だったのです。

## ＡＩはアシスタント、ＩＴは道具

ＡＩが実用化されるまで、デジタル技術の主役といえばＩＴ、つまり情報技術でした。パソコンにインターネット、メール、スマートフォンもすべてＩＴの産物です。新聞や本で調べものをしていた時代から、GoogleやYahoo!などの検索エンジンを使えば、いつでもどこでも世界中の情報を入手できる時代になりました。

最近ではＳＮＳが浸透していますから、年代問わずユーチューブやフェイスブック、Ｘ（旧ツイッター）やインスタグラムなどをチェックしている方もいらっしゃるでしょう。

ＩＴの進化をあらためて振り返ると、本当に便利になったものだと実感する反面、ＩＴは新しい格差を生みました。パソコンやスマートフォンといったコンピューターを使える人と使えない人との「情報格差」です。

今や多くの情報がインターネットを通じて発信されていますから、パソコンやスマートフォンが使えない方は必要な情報を入手できないこともあります。こうした情報を入手する力が弱い方は「情報弱者」などと揶揄されたりもしてしまう。自らがパソコンやスマートフォンといった道具を使いこなすスキルを身につけなければＩＴの恩恵が受けられない。これは大きなハードルでした。

もちろん、ＡＩはＩＴの一種なので、ここではいわゆるＡＩ（人工知能）と旧

来のＩＴということで話を進めていきます。

ＡＩとＩＴとの決定的な違いは、「人間が使い方を覚えなくてもよいこと」です。ＩＴはあくまで道具なので使う側のスキルが問われますが、ＡＩは自ら考え動いてくれるアシスタントのような存在です。**スキルがなくても口頭命令を理解して動いてくれます。**

ＡＩ・ＩＴ・人間の関係性をたとえると、ＡＩはＩＴと人間の間を結ぶ「架け橋」ともいえます。ＩＴの技術を使って叶えたいことはＡＩが代行してくれる、そんなイメージです。ＩＴの進化によって生まれた情報格差も、ＡＩが解消してくれる可能性も十分にあるのです。

## ＡＩ時代に一番得するのはシニア世代

ＩＴは自分で使い方を理解し、操作をしなければ何もできない「道具」の域を超えませんでしたが、ＡＩは違います。「はじめに」の中で、ＡＩはドラえもんだというお話をしたように、ＡＩはあなたが困ったときに代わりに解決策を考えて実行する、「知能」です。ただやりたいことを音声や文章で指示するだけで、希望を叶えてくれるのです。

高齢になるほど失うものが増えていきます。身体機能の低下、友人や家族との死別、定年退職などによる社会とのつながりの断絶など、さまざまな喪失体験を味わいます。若い頃と同じように活動できないと「生きていても楽しくない。長生きしても仕方がない」と悲観的になってしまう方もいるでしょう。

でも、**ＡＩをあなたのドラえもんとして迎え入れれば、格段にできることが増えます。**もしもこの先、あなたの体が不自由になったり、ボケてできないことが増えてしまったりしたとしても、心豊かで便利な人生が送れるようになるのです。

今でこそＡＩの使用範囲は限られていますが、ＡＩ技術は人間の想像をはるかに上回る速さで進化しています。実際に、知人でＡＩ研究家である落合陽一氏によると、ＡＩが人間の国語力に追い付くのは２０２６年ごろと予想されていたものの、２０２３年にすでに追い付いてしまったということでした。何十年という長いスパンではなく、数年単位でＡＩ活用の場は多角的に広がるはずです。

## すでに身近なＡＩ

ＡＩの進化はめざましく、現在ではiPhoneに搭載されている「Siri（シリ）」のようなスマートフォンのＡＩアシスタント機能や翻訳、医療画像診断、自動運転技術などに活用されています。

たとえば、シリに「7時にアラームをかけて」と話しかければ、何も操作をしなくてもアラームを設定してくれます。シリが対応できることは限られているかもしれませんが、とても便利な存在です。iPhoneを買ったものの設定の仕方がわからない方や、指先の細やかな操作が苦手な方でも、ただ話しかけるだけでiPhoneを使えるのです。もしかしたら、これがＡＩだと知らずに使っている方もいるかもしれませんね。

巷ではＡＩに関するニュースが飛び交っていますが、一体何なのかわからないし、なんだか難しそうだと感じている方も多いでしょう。ですが、**話しかけるだけで使えるなら「私にもできそう」だと思いませんか？**

例として、すでに身近に使われている具体的なＡＩ技術をご紹介します。

## チャットアプリなどの文字の音声入力

音声で話しかけた言葉をテキストとして文字に起こしてくれる機能で、チャットアプリのLINEなどで使われています。指でせっせとテキストを入力せずに済むので、慣れるととても便利です。

ほかにも録音した会議の議事録やインタビューをテキストへ変換してくれるサービスもあります。

## Siri（シリ）

iPhoneやiPadなどのApple製品に搭載されたAIによるアシスタント機能です。あなたが「Hey Siri」と呼びかけるだけで、いろいろなことを手伝ってくれます。お料理をしているときや運転中など、手が離せないときにもiPhoneやiPadを操作できます。

**〈シリができること（一例）〉**

・アラームやタイマーの設定
・インターネットで調べ物（「今日の天気は？」「東京駅までの経路を教えて」などと聞くと、インターネット上で情報を調べて教えてくれます）
・通話（「××××さんに電話をかけて」と言うと、通話機能を発動して電話をかけてくれます）
・アプリを開く（「××××（アプリ名）を開いて」と言えばアプリを開いてくれます）

## Ａｌｅｘａ（アレクサ）

Amazonが開発した音声認識ＡＩアシスタントです。スマートスピーカー（Amazon Echo）や家電製品用のスマートプラグやスマート電源タップなどに搭載されています。アレクサ対応の家電を組み合わせて使えば、「アレクサ」と呼びかけるだけでさまざまな操作ができます。

**〈アレクサができること（一例）〉**

・音楽やラジオの再生
・スケジュール管理やアラーム、タイマーの設定
・音声通話、ビデオ通話、メッセージ送信
・本の読み上げ（電子書籍を読み上げてくれます）
・家電の遠隔操作（エアコン、テレビ、カーテンの開閉など）

## ルンバ（ロボット掃除機）

自動で部屋を掃除してくれるロボット掃除機です。自分で動き回りながら床のゴミを吸引するほか、製品によっては拭き掃除ができるものもあります。行き止

まりや段差をセンサーで感知して、よけながら部屋中を掃除します。充電が必要になると自動で充電ステーションへ戻るので、わざわざ充電する必要もありません。

### クルーズコントロール

自動車に搭載される自動運転機能の一つです。速度を自動で調整することで、高速道路での長距離運転の際などにドライバーの負担を軽減してくれます。

これらはあくまでいくつかの例ですが、今後はもっと便利なものが次々と出現することでしょう。

- ＡＩは「学ぶコンピューター」。大量のデータから規則性を学習し、未知のデータに対しても判断を下すことができる
- ＩＴ時代はシニア層に不利な面があったが、ＡＩは使い方を覚える必要がなく、口頭命令を理解して動くため、シニア世代にとって特に有益な技術となる
- ＡＩはすでに身近な存在となっており、スマートフォンのアシスタント機能、翻訳、医療画像診断、自動運転技術など、さまざまな分野で活用されている

# AIがあれば老後はこう変わる

## なくしもの、買い忘れ……日常のうっかりはAIが解決してくれる

それでは実際にＡＩが身近になると、暮らしはどう変化するのでしょうか？　ここからは私の推測も含みつつ、十分に実現可能だと考えられる例をお話しします。

たとえば、家の中でものをなくしてしまうことはないでしょうか？　絶対家の中にあるはずなのに、いつもの場所にない……。私もあてはまるのですが、酔っぱらって帰宅した次の日の朝、鍵をどこに置いたのか覚えていなくて探し回ることがあります。

また、何を買ったのかを忘れて、すぐに同じものを買ってきてしまう。認知症の患者さんの家族からよく聞く話ですが、認知症ではなくても、うっかりやらかしてしまうことはありますよね。

AIを搭載したアイテムを手に入れれば、こうした日常の「うっかり」をすぐに解決してくれるはずです。たとえば、持ち主の行動をドライブレコーダーのように詳細に記録してくれる腕時計などがあれば、**「鍵はどこ？」と聞くだけで、「昨日の23時にズボンのポケットに入れました」なんて答えてくれるわけです。**冷蔵庫の中身も腕時計が見ていてくれて、スーパーで卵を買おうとしたときに、「冷蔵庫に1パックありますよ」なんて教えてくれれば安心ですね。

ちなみに、ＡＩを搭載した腕時計はすでにスマートウォッチとして販売されています。現在の用途は主に心拍数や睡眠時間などを記録してくれたり、異常値を検知すると知らせてくれたりする健康維持を目的とされていますが、これが進化すれば何をどこに置いたかなどの行動分析もできるでしょう。

## 英会話は勉強しなくてもいい

ＡＩが驚異的なスピードで進化しているのですから、5年後、10年後になったら今の常識はガラッと変わっていてもおかしくありません。私が10年後にはほぼ必要なくなるだろうと思っているのが、英会話のスキルです。

ＡＩの国語力がすごい速さで進化しているとお話ししましたが、翻訳力も同じようにどんどん正確なものになっています。今までは留学したり、英会話教室に通って一生懸命語学を勉強したりしなければ海外交流は難しかったものですが、これからは語学の壁はなくなるはずです。近い将来、誰もが自由に世界中の人と会話を楽しめるようになるでしょう。

昔、榊原英資《さかきばらえいすけ》さんという「ミスター円」と呼ばれた財務官がいました。彼は歴代の財務官の中で最も英語が堪能だったともいわれている人物です。あるとき対談させていただいた際に、いみじくもこんなことをおっしゃっていました。

「私はおそらく英語がかなりできるほうだと思うけれど、日本語で考えると英語で考えるのに比べて、思考速度が3分の1に落ちるんだ」

どんなに外国語が堪能になったとしても、頭の中で一度日本語から外国語へ変換する手間がかかる分、思考速度も格段に落ちてしまう、ということなのです。英語が達者な人ですらそう感じるのですから、少し英会話をかじった程度ではなおさらでしょう。

すでにスマホにもAIの翻訳機能が付いていますし、ポケトーク（翻訳機）や

DeepLなど、AIを使った優れた翻訳ツールが登場しています。ポケトークにいたってはほぼ日常会話は通じますから、あと1、2年もすればビジネス会話もできるようになるのではないでしょうか。英語以外の外国語も同様です。

**翻訳ツールを活用すれば思考速度が落ちることもありませんから、通常の会話はもちろん、議論や交渉事にも有効にはたらくでしょう。**「機械を使うなんてかっこ悪い」などと思わずに、堂々とAIに頼ったほうが効率的なのです。

外国語の文章を読むのもAIにはかないません。ただ、英語で日常会話ができると多少、相手との距離は近くなれるかもしれません。しかし、人と仲良くなるためには役に立っても、ハイレベルのコミュニケーションをとる目的には、さほど意味をなさなくなるでしょう。

## 自動運転の高速車いすだって理論上は実現可能

ＡＩを搭載した自動車の自動運転技術は年々進歩していますが、車いすだって進化できる可能性があります。危険を察知してブレーキをかけてくれたり人や障害物を避けてくれたりするのであれば、理論上、車いすは時速１００㎞のものもつくれるはずです。完全自動運転の車いすができれば、足の不自由な方も大変気軽に遠出ができるようになります（安全上、ヘルメットなどは必要になるでしょうが）。

「ちょっと箱根に行ってくるね」なんて車いすに乗ってプラッと温泉に行けたら楽しいでしょうね。**誰かの手を煩わせることなく、好きなときに好きな所へ行けるようになれば、身体が不自由な方の世界が格段に広がるはずです。**

ちなみに、自動運転技術はレベル0から5までに区分されていて、5に近づくほど、ドライバー（人）よりもシステムが主体的に運転することを意味します。たとえば、衝突回避の自動ブレーキシステムはレベル1（運転を支援する）相当、レベル2（部分的に自動運転）は高速道路で車間を調整しながら運転してくれるクルーズコントロール機能のようなものです。

現在、法律的に実用が認められている自動運転技術はレベル2から3とされていますが、完璧な自動運転ができる自動車が世の中に出回る時代は、日本の警察組織が邪魔をしなければ、予想よりも早く実現すると思われます。

## 自動運転技術のレベル

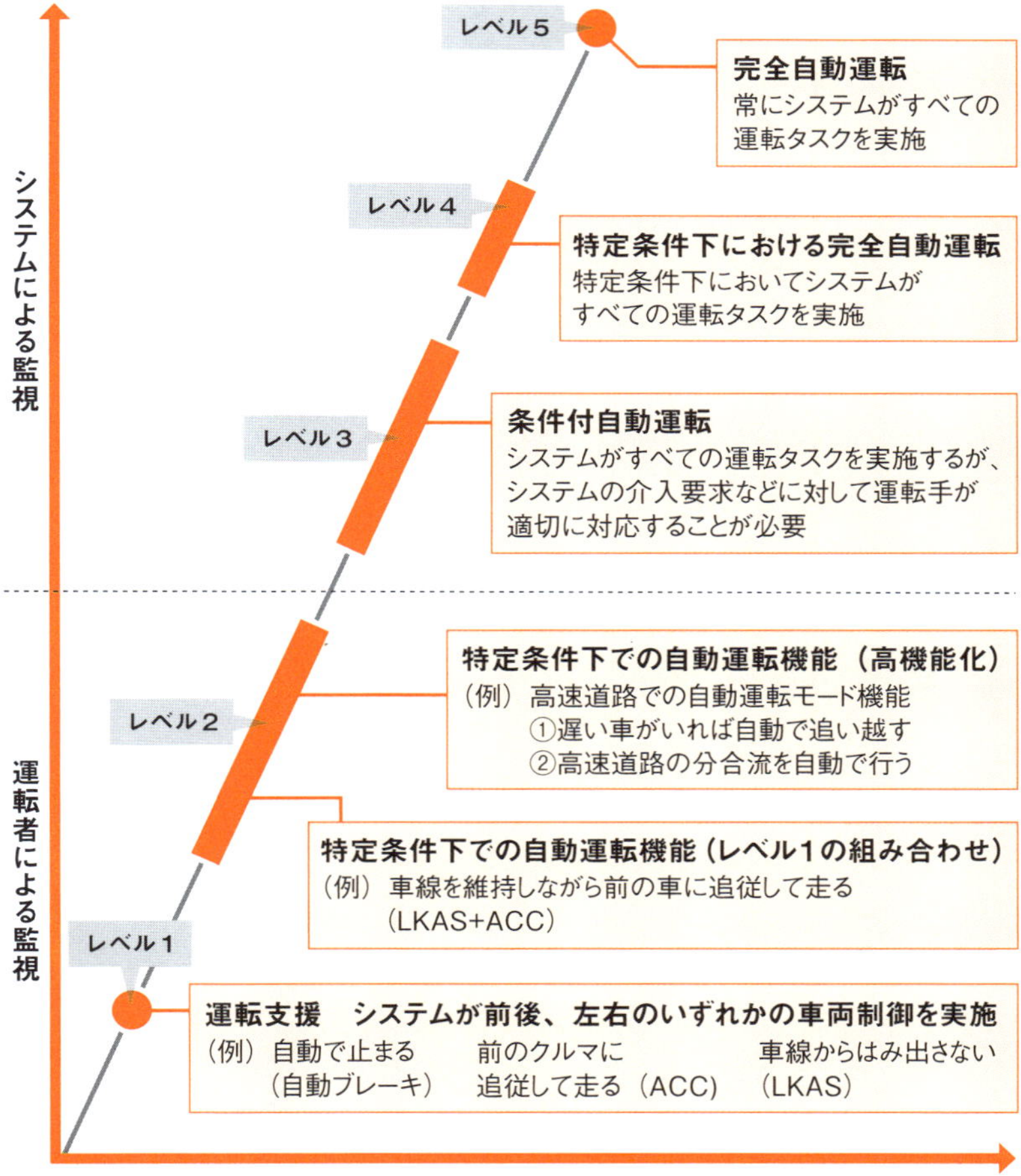


※ACC：先行車追従　LKAS：車線維持支援

## おひとりさまの介護の不安はロボットで解消

ＡＩが進化して大きく解消されることの一つが、老後の不安だと思います。自分が身動き取れなくなったときに、誰が世話をしてくれるのか。伴侶や子どもに頼ればいいと考える方もいるでしょうが、そう簡単ではありません。介護生活がはじまれば、家族や周囲の人にも負担がかかりますし、子どもに申し訳ないと思いながら生きていくのは息苦しくはないでしょうか。

でも、ＡＩ搭載のロボットが進化すれば、子どもや伴侶に面倒を見てもらわなくても、自由気ままにお気楽な老後生活を送ることも可能になるでしょう。朝起きたらベッドから車いすへ運んでくれる。掃除も洗濯も料理もしてくれる。テレビや音楽もひとこと指示をすれば再生してくれるでしょうし、お風呂だって沸かしてくれる。もちろん、入浴中の介助だってやってくれるはずです。

ロボットに面倒を見てもらうなんて味気ないと思いますか？　それなら姿かた

ちを人間に似せてつくってもらえばいいのです。最近は３Ｄプリンターで、人間の精巧な姿を再現することができます。**好きな俳優さんなり（権利関係の問題はともかくとして）、あなたのタイプの姿のロボットであれば、介護されることが楽しくなるかもしれません。**人に頼みごとをするのは気を遣うという方も、ロボットであれば頼みやすくなるのではないでしょうか。

そのうち身体的なサポートだけでなく、心のサポートもできるようになるはずです。ＡＩは国語力に優れていますから、話し相手として上手にコミュニケーションが取れますし、時にはよき相談相手にもなってくれるでしょう。もちろん、声もあなた好みの人の声で話しかけてくれます。

## 世の中に必要とされるのは「これがほしい」を言える人

私がお話ししたことは、決して夢物語ではありません。技術的にはすでに実現可能と思われるものもあるのに、なかなか形にならないのは、社会の姿勢に問題があるからだと考えています。

たとえば、シニア層の自動車事故です。しばしばメディアで大々的に取り上げられます。「高齢者に運転させたら危険だ」という風潮が広まり、免許返納を促進させようとする動きもありますが、シニア層が我慢をすればそれでいいのでしょうか?

交通インフラが整っていない地域で暮らす人にとって、車は生活の足です。運転するなと言われてしまえば移動手段を失い、家にひきこもる人が出てくることが問題視されています。2019年に筑波大学が発表した調査によると、実際に免許返納をすると6年後の要介護率は2倍以上に上がってしまうともいわれています。もっと過激なものでは8倍になるというデータさえあります。

車で大きなショッピングセンターに行くと、広い駐車場から入り口まで歩かなければなりません。さらに、店の中を歩き回るので、シニアにはけっこうな運動になります。出かけることで気分転換したり、新しい刺激を受けたりすることは脳の活性化にもつながりますから、外出の機会を奪うような施策は喜ばしくありません。

**シニアの方に我慢を強いるよりも、誰が乗っても安全な完全自動運転自動車の開発に力を入れるほうが、よほど建設的だと私は思います。**AIだけでなく、さまざまな技術が進歩しているのですから、シニアの暮らしを快適にする製品はもっとつくれるはずです。

手前味噌な話ですが、私の著書『80歳の壁』（幻冬舎）がヒットして話題になったとき、数多くの出版社からオファーをいただきました。

一方で、「シニア向けの商品を一緒に考えませんか」というように、商品開発

の相談にいらした企業は一社もありませんでした。日本は世界でもトップクラスの超高齢社会です。だからこそ、シニア向けの商品開発はビジネスチャンスでもあるはずなのに、多くの企業はシニアのニーズに視線が向いていないのです。

だからこそ、シニアの方はどんどん声をあげるべきです。体が衰え、生活に不便を感じるからこそ、気づけることがたくさんあります。みなさんの「こんなものがほしい」という要求は、社会を変える大きな力になるのです。

- ＡＩの進化により、日常生活の「うっかり」問題が解決され、シニアの生活がより便利になる
- 翻訳技術の発展により、将来的には英会話スキルの必要性が低下し、言語の壁が取り除かれる
- ＡＩやロボット技術の進歩により、シニアの介護や移動の問題が解決され、より自立した老後生活が可能になる

## 第1章のまとめ

□ AIとITは異なる。AIは人間が使い方を覚える必要のないアシスタントのような存在

□ AI時代は、特にシニア世代に恩恵がもたらされる

□ すでに身近なAI技術として、音声入力、Siri、Alexa、ルンバなどがある

□ AIにより日常生活の「うっかり」問題（もの忘れなど）が解決される

□ AIの翻訳技術により、英会話スキルの必要性がなくなってくる

□ AIを搭載した自動運転の車いすなど、身体が不自由な人の行動範囲を広げる技術が期待される

□ AIロボットが介護を担うことで、「おひとりさま」の不安が軽減されていく

□ シニア向け製品開発はビジネスチャンスであり、シニアの声が社会を変える

□ シニアは「こんなものがほしい」という要求を積極的に発信すべき

# 第 2 章

# ジタバタせずに幸福に生き切るためのＡＩの使い方

# 老後の不安と正しく向き合う

## 心配が得意な日本人

「認知症になったらどうしよう」
「大きな病気にかかったらどうしよう」

記憶力が鈍る、今までよりも疲れやすい。こうした体の衰えを感じるようになると、老後に不安を感じる方も多いでしょう。現実には起こっていないことや前に起こった不都合なことの再現に対する不安を予期不安と呼びますが、特に日本人はこの予期不安を抱きがちです。

周囲の人が認知症や病気になったり、テレビなどのメディアでネガティブな情報を目にしたりすると、「なんとなく心配」になってしまうこともあるかもしれません。

不安を感じた際に大切なのは対策を立てることですが、対策を立てないまま不安に苛まれているのもよくある傾向です。起きてほしくないことを直視できず、不安な状態を放置して、事態が悪化してしまうということもよくあります。

小中学校の「いじめ問題」に対する姿勢はわかりやすい例です。

教育現場では「いじめをなくそう」とスローガンを掲げるだけで、具体的な対処法が考えられていないのではないでしょうか。対処法がわからないから、見て見ぬふりをし、事態が悪化するまで放置してしまうという悪循環が起きているように感じます。

そもそも、一定数の人間が集まればいざこざが起きるのは自明なことで、いじめも同じです。いじめはよくないと言うだけでは何も意味はなく、教育現場が取り組むべきなのは、いじめが起こった際に子どもを守るための対処法を考えることなのです。

シニアが持つ不安も同じで、加齢による体の衰えは避けて通れるものではありません。**決して不安を感じることが悪いのではなくて、不安を感じる力をうまく活用すればよいのです。**まずは自分の不安と正しく向き合うことからはじめましょう。

## その不安、本当に必要ですか？

予期不安を抱えていると、いつもモヤモヤとした気分になり、今を楽しむこともできません。まずはあなたの不安が本当に必要なのか、そこから見直してみてはいかがでしょうか。もしかしたら、さほど怖がる必要のない不安を抱えているのかもしれません。必要な不安かどうかを見極めるのに便利な基準が「確率」です。

たとえば、「飛行機は事故が怖いから乗らない」という人がいたとします。はたして飛行機に乗って事故で死亡する確率は、どれほどなのでしょうか？
米国家運輸安全委員会（NTSB）の調査によると、航空機の事故で死亡する確率は０・０００９％、つまり10万分の1程度だそうです。一方で自動車による死亡事故が起こる確率は０・33％、３００分の1ほどといわれています。こう考えると、自動車に乗るほうがよほど危険だということがわかります。

このように、**確率を知ると不安の感じ方も変わるはずです。**「自動車には毎日のように乗っているのに、飛行機を怖がるのは意味がないかもしれないな」と思えば、余計な不安は解消されます。飛行機への抵抗がなくなれば、遠出の旅行など新しい人生の楽しみが増えるかもしれません。

怖がる必要のある不安なのかを精査して、向き合うべき不安がはっきりしたら、ここでＡＩの出番です。ひとりで悩む必要はありません。ＡＩは何に気をつけたらいいのかを一緒に考え、あなたに代わって対策を打ってくれる優秀なアシスタントなのですから。

## 「健康寿命」という指標にふりまわされない

シニアが向き合うべき不安という話で、一つ知っておいていただきたいことがあります。あなたは「健康寿命」という指標をご存じでしょうか？

健康寿命とは、健康上の問題で日常生活が制限されることなく生活できる期間の指標です。最近のデータによれば男性は72・68歳、女性が75・38歳でした（2019年厚生労働省調べ）。

そして、日本人の平均寿命は今や男性は81・05歳、女性が87・09歳です（2022年厚生労働省調べ）。

このデータだけを見ると、平均寿命よりも健康寿命のほうが男性は約9年、女性に至っては約12年も短いわけです。これでは「70代後半からの人生は寝たきりになるの？」と不安になりますよね。ですが、実際にはそんなことはないのです。

内閣府が発行した「令和４年版高齢社会白書」によれば、75歳以上の方のうち、要支援あるいは要介護の認定を受けている人の割合は31・３％です。つまり、残りの７割近くの方は介護認定を受ける必要もなく、元気に過ごしているのです。

なぜ健康寿命として発表されている年齢と実態に乖離があるのかというと、実は健康寿命の調査方法に原因があります。客観的な数字ではなく、全国から無作為に選ばれた男女を対象にしたアンケート調査によるものなのです。「あなたは現在、健康上の問題で日常生活に影響がありますか？」という設問に対して、「ある」と回答した人は不健康、「ない」と回答した人は健康とみなされて算出されているのです。この設問ではたまたま風邪をひいていたり、ケガをしたりしていても「ある」と答えるかもしれません。

私は１９８８年に高齢者専門の総合病院である浴風会《よくふうかい》病院に勤務して以来、36年にわたって数多くのシニアのみなさんを診察してきました。**臨床現場で出会う70代の方々のうち、大多数の方は介護を必要とせずに元気に過ごしています。**健康寿命という言葉に影響されて、年を重ねることをやみくもに不安に思う必要はないのです。

- 日本人は老後に対する予期不安を抱きやすいが、単に不安を感じるだけでなく、具体的な対策を立てることが重要
- 不安の必要性を確率などの客観的基準で評価し、ＡＩも活用しながら適切に対処することで、より建設的に老後に備えることができる
- 健康寿命などの統計指標は実際のシニアの生活実態と乖離があるため、過度に影響されず、現実的な老後の展望を持つことが大切

# 老後の5つの不安をAIでプラス体験に変えよう

## 老後が不安になるのは喪失体験が増えるから

シニアのみなさんが将来を不安に感じるのは、「長生きしたところで幸福になれない」と思うからではないでしょうか。若い頃のように体の無理がきかなくなる、友人や家族が亡くなる、耳が遠くなる、歯が抜けて好きなものが食べづらくなる……。次々と「喪失体験」ばかりが増えていくなかで、先の希望が見えなくなってしまうのです。

特に、親や配偶者の死は人生において最大ともいえる喪失体験です。精神医学では、愛する対象の喪失がうつ病の最大の要因だともいわれています。60代を過ぎると親の死と直面することが増えますから、自らの老いに加えて大きな喪失体験が重なり、ダメージも大きくなりがちです。

精神科医の間では、定年後にうつになる人が非常に多いというのもよく知られています。**人生で多くの時間を仕事に費やしてきた人ほど人間関係も仕事のコミュニティに依存していますから、定年退職した途端に人付き合いが激減することが大きな理由です。**特に日本の男性は、飲み会やゴルフなど会社関係の付き合いが多いために、定年退職が大きな喪失体験となる場合が多いのです。

仕事は自己愛を満たす場でもあります。活躍して自分の存在を認めてもらうことはもちろん、出世して社会的に高い地位を得れば、周りもちやほやしてくれますし居心地もいいでしょう。ところが、定年退職で会社を離れれば環境はがらりと変わります。ご近所付き合いには今まで築き上げた地位など関係ありません。無力感に襲われ「自分は社会に必要とされないのだ」とふさぎ込みやすいのです。

このように、次々と大きな喪失体験が襲ってくる高齢期は、老後を悲観的にとらえてしまうかもしれません。しかしながら、できることはたくさんあります。**ささいなことであってもプラス体験を増やして脳に刺激を与えれば、人生の見え方も変わってくるものです。**クヨクヨしても、お気楽に過ごしていても、人生はいつか必ず終わりが来ます。どうせ死ぬのなら、不安にとらわれずに幸福に生き切ったほうがいい。私自身、そう考えています。

喪失体験が重なる高齢期に大切なのは、失ったものやできなくなったことに執着しないことです。他人や過去の自分と比べてイライラするよりも、今あるもの、今できることに目を向けたほうが精神的にストレスを感じずにすみます。

また、ものおぼえが悪くなっても、耳が遠くなっても、目が見えづらくなっても、少しでも機能が残っていればできることはあります。

「洗濯や料理がひとりでできる」、「散歩ができる」というような日常的なことでかまいません。今できることは極力自分でやり続けてみましょう。**「昨日できたことが今日もできれば合格」だと考えれば、自信がつき、日々を楽しく過ごせるでしょう。**

ここでもＡＩの技術が助けてくれます。例えばＡＩ補聴器は、聞き取りが難しい環境下でも人工知能が音声に焦点を当てつつ、音質を最適化してくれます。ＡＩが自動調整してくれるため、調整のためにお店へ行く回数を削減することができるというメリットもあります。

## 「居場所や友達をつくっておく」という発想はもういらない

定年退職してから社会とのつながりが絶たれ、人と話す機会が極端に減る人もいます。また伴侶を失ってから人付き合いが減り、寂しさを感じながらも孤独に過ごしているという人もいます。

「別に友達がいなくても平気、気ままに好きなことをして暮らせる」という人であればいいですが、「居場所」を失い、寂しさを感じながら孤独に生きるというのはつらく、精神的な負担が大きいものです。

でも、ＡＩの技術はあなたを孤独からも解放してくれます。先述したように、

シニア層の生活の質を向上させるさまざまな可能性を持っているからです。

例えば、ＡＩを搭載した自動運転の車いすで、安全に外出や旅行を楽しむことができます。車いすが障害物を自動で回避し、最適なルートを選択してくれるため、介助者がいなくても自由に移動できるようになります。

自宅にいながら世界中の名所を旅することだってできます。ＶＲとＡＩを組み合わせた仮想旅行システムにより、ＡＩが個人の興味に合わせて旅行プランを提案し、リアルタイムで通訳や現地情報を提供してくれるのです。

有名人の外見や声を再現したＡＩ搭載介護ロボットが、24時間体制で介護をしてくれたり話し相手をしてくれます。好きな芸能人と会話しているような感覚で、楽しく日常生活のサポートを受けられます。

また、日々の食事や運動は、ＡＩが個人の健康状態や好みを学習することで、最適な食事メニューや運動プログラムを提案してくれます。これにより、楽しみながら健康的な生活を送ることができます。

他にも、高性能な音声認識と翻訳機能を持つＡＩデバイスにより、聴力が低下しても周囲の人々とスムーズにコミュニケーションを取れるようになります。ＡＩの自動会話プログラムであるチャットボットが家族や友人とのやり取りを支援し、メッセージの作成や返信の提案を行います。これにより、認知機能が低下しても大切な人々との絆を維持できます。

生活支援と安全確保もＡＩがサポートしてくれます。家中にセンサーとＡＩを設置することで、転倒や異常を自動検知し、緊急時には即座に対応できるようになります。

また、ＡＩアシスタントが薬の服用管理や日々のスケジュール管理を行い、忘れずに規則正しい生活を送れるようサポートしてくれるのです。

これらの技術により、シニアがより自立的で充実した生活を送れるようになるでしょう。**無理して居場所や友達をつくっておくという発想はもういらないのです。**

## いつかは誰でもボケる、という現実

厚生労働省が「２０２５年には65歳以上の５人に１人が認知症になる」という予測をしているように、認知症と老いは切っても切り離せない問題です。私自身が携わってきた高齢者医療の臨床現場での経験からも、人はいずれボケるという事実からは逃れられないと考えています。

私が勤めていた浴風会病院は、もともと関東大震災で身寄りを失った高齢者の救護施設として設立された病院でした。のちに老年医学の研究を行うようになり、入所者の診療とともに亡くなった方の解剖を行い、高齢者の脳や臓器についての研究が進められました。

私が勤務していた当時は、年間100例ほどの解剖が行われていました。結果を見てわかったのは、85歳を過ぎた人はもれなく脳にアルツハイマー型の神経の変性があるということでした。つまり、ボケることは誰しも覚悟しておかなければいけないということです。

ただし、認知症になった途端に何もできなくなるわけではありません。個人差はありますが、目が見えづらくなったり耳がだんだん聞こえにくくなったりするのと同じで、ゆっくりと進行します。

そして、**ＡＩがあれば記憶障害や失見当識、言語能力の低下に関しても恐れることはありません。**さまざまなＡＩによるサポートが期待されており、以下に具体的な例を挙げます。

記憶障害のサポートとしては、音声アシスタントとリマインダー機能があります。ＡＩを搭載した音声アシスタントは、日常生活の中で重要な用事を思い出

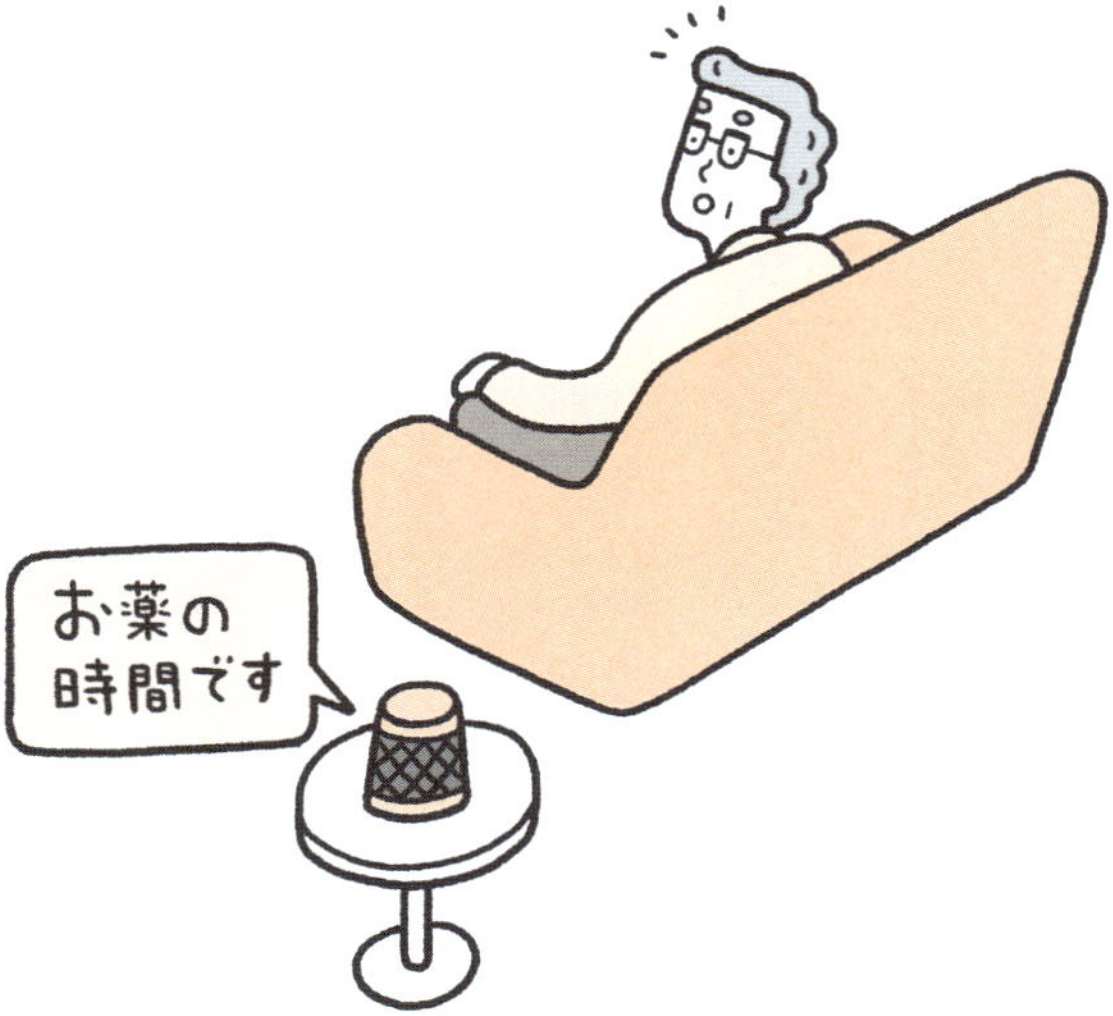


させるリマインダーとして機能します。

例えば、毎日朝の9時と18時に薬を服用しなければならない場合、その時間になるとＡＩスピーカーが「お薬を飲む時間です」などと語りかけてくれます。また、あらかじめスケジュールを入力しておく（これも話しかけるだけでできます）ことで、来客や通院など重要な予定を事前にアナウンスしてくれるなど、記憶障害を持つ人たちをしっかりサポートしてくれます。

失見当識でのサポートもあります。失見当識とは、自分の置かれている時間や場所、状況、人物などを認識できない状態を指し、認知症の症状として知られています。

例えば大型ショッピングモールに行った際、

フロアマップを見ながら行きたいテナントの場所を見つけて向かうのですが、ここで迷ってしまうのです（これは失見当識に限らず、多くの方も経験があるかもしれません）。駐車場もかなり広く、しかも至る所に車が停められているため、自分が車をどこに停めたのか、わからなくなってしまいます。

しかし、位置情報サービスＡＩを活用したナビゲーションアプリにより、**スマホやタブレットの画面を見ながら目的の場所まで簡単にたどり着けますし、音声案内もあるのでハードルは低いでしょう。**

これはシニアに限りませんが、方向感覚に障害がある人々に対して、目的地までの道順をわかりやすく案内します。これにより、失見当識のある人々が安全に移動できるようになります。

言語能力の低下のサポートも期待できます。ＡＩが持つ自然言語処理技術は、言語能力が低下した人たちに対して、コミュニケーションを円滑にするためのツールとして利用されます。

例えば、チャットボットや翻訳アプリは、異なる言語間のコミュニケーションを支援し、言語障害を持つ人々が他者と効果的に意思疎通できるようにします。

これらの技術は日に日に進化しており、さらに使いやすくなる機能が増えていくでしょう。どんどん進化する日常生活で使えるＡＩの技術は、認知機能の低下に対する補助的な役割を果たし、日常生活の質を向上させることが期待されているのです。

## ＡＩを使えば介護保険料も安くなる

介護保険料が年々上がり続けていることをご存じでしょうか？　介護保険料は市町村（東京23区は区）ごとに決められており、それぞれ3年ごとに保険料の基準額が見直されています。介護保険の被保険者は65歳以上の「第1号被保険者」と、40～64歳までの「第2号被保険者」に分かれています。

「第1号被保険者」が支払う保険料の全国平均額は、制度がスタートした２０００年は２９１１円でしたが、２０２１年度からは６０１４円となり、なんと2倍以上に膨れ上がっています。値上がりの要因は、高齢化の進行と介護保険サービ

## 65歳以上の人が支払う月額介護保険料の全国平均額

| 年度 | 金額 |
|---|---|
| 2000年度～2002年度 | 2911円 |
| 2003年度～2005年度 | 3293円 |
| 2006年度～2008年度 | 4090円 |
| 2009年度～2011年度 | 4160円 |
| 2012年度～2014年度 | 4972円 |
| 2015年度～2017年度 | 5514円 |
| 2018年度～2020年度 | 5869円 |
| 2021年度～2023年度 | 6014円 |

スの提供事業者に支払われる介護報酬の引き上げです。さらには、介護サービス利用者の自己負担割合も、所得に応じて1～2割だったものが、1～3割に引き上げられています。

年金保険料の支払いは国民年金が60歳まで、厚生年金は70歳になる時点で終わります。一方で、介護保険料は一生払い続けるもの。リタイアしたシニアのみなさんにとっては決して小さくない金額です。

こうした保険料に加えて、円安、物価高など、最近は経済的な不安を感じることが多いかもしれません。でも、私は少し発想を変えて、あまり深刻にならずに過ごしてほしいと思っています。

## 介護保険料が下がるといえる理由

介護保険料の話でいえば、**介護保険料は介護資金を貯めていると考えて「介護が必要になった際は、遠慮なく介護サービスを使って元を取ろう」、それぐらい強気な発想で考えていいはずです。**そもそも、シニアのみなさんは現役時代に多くの税金を支払って日本を支えてきたのですから、「世話になって申し訳ない」などと考えなくてもいいのです。

さらに、ＡＩの普及により、介護保険料は安くなっていくといわれています。この理由はいくつかありますので、具体的に紹介します。

まず、介護現場でＡＩロボットが果たす役割が大きく関係していきます。ＡＩロボットを介護現場に導入することで、介護職員の業務負担を軽減し、業務の効率化が実現します。これにより、少ない人員でも介護サービスの質を維持できるのです。具体的には、夜間巡回や除菌作業、警備などを自動化することで、人手不足の解消に役立つとされています。これによって、介護費用の削減が期待でき

ます。

さらには、介護ロボットの導入が介護施設の運営コストも抑えてくれます。株式会社エヌ・ティ・ティ・データ経営研究所が発表したデータによると、自立支援の推進によりオムツの使用量が減れば、結果としてオムツのコスト削減につながるとあります。

ＡＩロボットだけではありません。ＡＩによるサービスも、介護の現場で役立りつつあります。

具体的には、シニアの自立支援の促進が期待できます。なかでも、ＡＩを活用したケアプランの作成が現実的になっています。ケアプランとは、介護保険サービスを受ける際にケアマネージャーが作成する介護サービスの計画書。利用者一人ひとりの状況と日常生活における課題を把握し、それに合った介護サービス計画書を作成する必要があるため、ケアプランの作成はケアマネージャーにとって負荷の高い業務といわれてきました。

しかし、これからはＡＩを活用した科学的裏づけに基づいたケアプラン作成を行うことができるようになりつつあり、そうしたサービスがどんどん開発、提供されています。これにより、介護が必要な人の自立を促進し、介護サービスの利用を減少させることが期待されます。**ケアマネジャーの人員不足も大きな問題ですが、彼らの負荷を軽減できるＡＩによるケアプラン作成支援に注目が集まっています。**

このように、介護の現場にＡＩが普及していくことで、介護保険料の引き下げにつながっていくことが期待されています。

## ２０２５年問題と老後の５つの不安

いわずもがな、日本は世界のなかで最も高齢化が進んでいる国の一つです。高齢化の進行具合は3つの段階で示されます。全人口に対する65歳以上の人口（高齢者率）が7％を超えると「高齢化社会」、14％を超えると「高齢社会」、そして21％を超えると「超高齢社会」と呼ばれます。

日本は1970年にはすでに高齢化社会となりました。そして1994年に高齢社会を迎え、2007年には超高齢社会に突入しています。

そして今注目されているのが、国民の5人に1人が75歳以上を迎える2025年です。2025年は戦後のベビーブームで生まれた団塊の世代が全員75歳以上になる年です。人口構造が変化する大きな節目とされ、社会保障、医療、介護、労働など社会のあらゆる面に影響が出るといわれています。

特に、医療や介護問題はシニアのみなさんの日々の生活にかかわることですから、すぐに解決しなければなりません。こうした背景もあり、医療や介護の現場ではAIの活用が進められています。

さらに、「人生100年時代」ともいわれ、言葉のとおり長生きが当たり前になった今、**定年退職後のセカンドライフも長くなり、計画性が必要になっています。**

では、老後の不安に対して、ＡＩは具体的にどのようにサポートしてくれるのでしょうか？

ここからは、老後を考えた際に不安を感じやすい、①認知症 ②介護 ③健康 ④お金 ⑤孤独の５つのテーマを軸として、具体的なＡＩの活用例をご紹介していきます。

## ＡＩが、できることをどんどん増やしてくれる

ＡＩ技術が生活に浸透しつつあるこの時代は、シニアのみなさんにとって大変ラッキーです。ドラえもんのように人間をアシストしてくれるＡＩがあれば、衰えた身体機能を補完して豊かな人生を維持してくれる可能性が高まるからです。

ＩＴ時代は人間側にテクノロジーを使いこなすスキルが求められましたが、**ＡＩ時代は人間に代わってＡＩがテクノロジーを使いこなしてくれるのです。機械音痴の人であっても最新のテクノロジーを享受できるようになるでしょう。**

現代はロボットやVR（仮想現実）といったテクノロジーも発達しています。これらのテクノロジーとAIを掛け合わせたさまざまなサービスが生まれていますから、シニアのみなさんが「もう年だから」とあきらめていたようなことや新しいことにもチャレンジしやすくなり、プラスの体験も増えていくでしょう。

## ① 認知症と生きるためのAI
## 話し相手になってくれるアプリ

認知症と強い関連のある脳の部位は前頭葉です。前頭葉が使われるのは感情を制御したり、何かを創造したり、新しいものに対応したりする場合です。私の経験上、前頭葉の活性化に効果的なのがおしゃべりです。自分が話す、相手からの反応を受け取る、また返すという会話のラリーは、強制的に脳を働かせることができます。それが、認知症の進行を遅らせるのです。

最近はAIを用いた会話サービスが続々と開発されています。音声会話型おしゃべりAIアプリ「Cotomo（コトモ）」は、人と話しているようだとSNSで話題になりました。「Cotomo」は4種類の音声からお好みの音声を選び、AIの名称も自由に決められます。会話のスピードも調整できるため、自分が会話しやすい環境を設定して楽しむことができます。

日常的な雑談ができて、1時間も会話が続くケースもあるそうです。「Cotomo」を提供するStarley株式会社は、「日常的な雑談から悩み相談まで、さまざまな感情や想いに寄り添うＡＩアプリをめざしている」と説明しています。

## ②介護生活の負担を和らげるＡＩ

### 介護ロボットはここまで進化

第1章では実現可能な未来の介護ロボットの姿として、好きな俳優の姿をしたロボットに、家事から介助まで日常生活のすべてをやってもらえるようになるだろうと話しました。

実現するにはさまざまな壁があり、もう少し時間がかかるでしょう。例えば、耳垢を取る、爪切り、口腔ケアなどは医療行為なので、医者、看護師といった医療従事者か、条件付きで介護士が行えるものですから、法改正なども課題になります。とはいえ、現在でも介護施設ではＡＩを搭載したロボットと介護職員との分業が広がっています。

気軽な会話を実現させてくれる「パルロ」※富士ソフト株式会社より

介護ロボットには「介護支援型」「自立支援型」「見守り型」の3つの種類がありますが、現在のところAIが主に使われているのは「見守り型」の介護ロボットです。その名の通り、ロボットが生活を見守り、カメラやセンサーで異変を察知した際にはリモートで家族や介護スタッフに知らせてくれる、というものです。特に、見守りが手薄になりやすい夜間は便利です。

また、コミュニケーションがとれる介護ロボットもあります。介護施設など複数のシニアが生活する場所では健康増進や余暇の楽しみのためレクリエーションを行います。富士ソフト株式会社が提供する人型コミュニケーションロボット「PALRO（パルロ）」は、レクリエーションを日替わりで実施し司会もこなします。さらには１００人以上の顔と名前を覚え、一人ひとりに合わせた声かけなどの日常会話まで引き受けてくれます。家庭向けでは、専用アプリを使って利用者（シニア）と行った場所や話したことを教えてくれる見守り機能を搭載。家族間でPALROを介した伝言のやり取りも可能です。シニアに寄り添い、予定のリマインドや趣味嗜好に合わせた話題を提供してくれます。家族と離れて、ひとりで暮らすシニアのみなさんの生活の見守りなどに活用されています。

## 歩行状態を分析して改善点をアドバイスしてくれるAIアプリ

高齢になると、平衡感覚の衰えや筋力低下、姿勢の悪化などにより歩行に不安定さやふらつきを感じることがあります。歩行がおぼつかなくなると見守りを必要としたり、介助が必要になる場面も増えます。また、行動が消極的になり、シニアから生活の楽しみを奪ってしまうリスクがあります。転倒が怖くなって本人が外出することを拒否したり、家族が外出を制限したりすることもあるでしょう。

無料トライアル実施中!
動画を「撮る」だけで伝わる、
「提案」の質が変わる。
2022年度グッドデザイン賞受賞
スマホで高齢者の様子を動画で「撮る」だけで身体機能等を見える化。
専門家の知見を基に開発されたAIが現場のアセスメントを支援。
＼3分でわかる！トルトについて／
まずは資料をダウンロード
無料トライアル・お問い合わせ
タ
パ
カ
舌をしっかりと動かせるように、いろいろなマッサージや口の体操をしていきましょう!

AIが歩行状態を分析して数値化し、改善に向けた運動などをおすすめしてくれる

※ CareWiz プレスリリースより

ＡＩはデータ分析も得意ですから、身体状況を記録して傾向を分析することもできます。アプリ「CareWiz（ケアウィズ）トルト」は、数万人のシニアの歩行データと理学療法士の知見を学習したＡＩが歩行状態を分析して数値化し、改善に向けた運動などをおすすめしてくれます。利用するには、分析してほしい人が5メートルほど歩く様子を動画撮影するだけ。動画はスマホで簡単に撮影できますから、本人でも家族でも、簡単に利用できます。

デイサービスを利用して歩行訓練や筋トレを行っている方がアプリを使った結果、3カ月ほどでふらつきが解消されたという例もあります。分析結果は家族やケアマ

ネージャーとも共有できるというメリットもあります。口頭で状態を説明すると、心配をかけまいと正確な状態を言えない、聞いた側の捉え方次第で正確に伝わらないといった場合もあります。体の状態を数値化して教えてもらえるというのは安心です。

## ③ 健康をサポートするＡＩ

### 医師の技量に頼らず正確な診断が受けられる

「体調が悪くなって病院へ行ったけれど、なんだか信用できない医師だった」ということはないでしょうか。ＣＴやＭＲＩといった高性能な機械を使って検査しても、最終的な診断を下すのは人間です。残念ながら、医師のレベルは知識量や経験知によって異なり、名医と呼ばれる人もいればヤブ医者と呼ばれる人もいます。運が悪ければ正しく診断されないがために治療が遅れてしまうということも起きています。

でも、どこの病院で誰に診てもらっても、正しく診断してもらえれば安心です。

ＡＩは、膨大な数値や画像などのデータからルールに基づいた診断や予測を行うことが得意ですから、医療の現場では医師が画像診断をする上でＡＩがサポート役として活躍しています。

具体的には、ＭＲＩやＣＴなどの画像をＡＩが分析し、医師による診断を組み合わせることで、スピーディで質の高い診断をするというものです。

ＡＩと５Ｇ、ＩＴといった技術を組み合わせたシステムで、遠隔で画像診断を行うことも可能になりつつあります。人間が長時間働けば疲労しますが、ＡＩは24時間３６５日働けますし、疲れによるヒューマンエラーも起こしません。安定した精度が保てる点で、医師にとって優秀なアシスタントなのです。

ただし、現行の医学データをそのまま当てはめるだけでは大して役に立ちません。世界中のビッグデータと組み合わせることで、血糖値や体重はやや高めが長生きしている、コレステロールが高いほうが長生きしている、塩分を控えないほうが長生きしているなどといった海外の知見を取り入れてくれるなどの恩恵があります。

**ゆくゆくは、ＡＩがもっと進歩したら個人差にも対応してくれるようになり、医者よりもＡＩのほうが信じられるという未来がやってくるでしょう。**

ちなみに、最もＡＩの研究が進んでいるのは眼科の分野だといわれています。特に、目の奥にある網膜を撮影する「眼底写真」に関するシステム開発が進んでおり、Googleも開発に取り組んでいます。眼底写真は病気になった際はもちろん、健康診断で撮ることもあり、大量のデータが集まります。眼底写真を活用すれば、多くの病気を診断できるようになるのです。

眼底写真解析のＡＩ開発が進めば、病気の早期診断や通院の手間を減らすといった効果が期待できます。海外の一部ではすでに実用化しているＡＩのシステムもあります。スマホなどで高精度な眼底写真が撮れるようになれば、わざわざ眼科に行かずに、かかりつけのクリニックや自宅にいながら診断を受けられる未来がやってくるでしょう。

近い将来、「画像診断はＡＩに任せておけば安心」、という時代がやってくるのではないでしょうか。

**手術ロボットで体への負担が少ない治療が受けられる**

ＡＩの搭載はまだ未来の話になるものの、医師の手術を支援するロボットも活用が進んでいます。医師は手術台から少し離れた場所にある操縦席に座り、立体画像を見ながら遠隔でロボットを動かして手術を行います。手ブレがなく正確に手術が行えるとあって、患者の出血量を減らし、術後の合併症を防ぐといったメリットが実証されています。

手術ロボットの世界市場は2030年には764億ドル（約11兆円）になると予測されており、今後ますます開発が進むでしょう（グローバルインフォメーション調べ）。

## 短期記憶障害もAIがカバーしてくれる

2025年にはシニアの5人に1人は認知症になると予測されているなかで、心配になっている方も多いことと思います。

認知症と密接に関連するのが、脳内にある海馬という組織です。この海馬の縮小が認知症につながるといわれています。

東北大学加齢医学研究所の瀧靖之教授は、脳は30代から少しずつ萎縮していくものの、記憶をつかさどる海馬だけは生活習慣を改善することで大きくなる可能性がある、という研究結果を発表しています。

このように、生活習慣の改善で海馬の萎縮を止めることがある程度できますが、認知症を発症してしまうこともあるでしょう。認知症では、数分前に起こったことを思い出せない短期記憶障害がありますが、ここでもＡＩが短期記憶をカバーしてくれることでしょう。

## ④お金の悩みはＡＩに相談

### 資産運用を手伝ってくれるロボアドバイザー

シニアのみなさんの大きな喪失として定年退職がありますが、社会的地位がなくなる、自分の存在意義がわからなくなるといった精神的な喪失感とともに、定年退職を機にお金に対する不安を持つ方も少なくないでしょう。

でも先述したように、介護の現場にＡＩロボットが普及することで、介護保険料が安くなる未来が待っています。「いずれやってくる介護のためにお金を貯める」という考え方ではなく、どんどん自分の楽しみのためにお金を使っていいのです。

## 振り込め詐欺から身を守ってくれるＡＩ

お金の心配といえば、振り込め詐欺などの犯罪に巻き込まれる心配もあります。犯罪の手口がどんどん巧妙化していますから、「自分は大丈夫」と思っている人もすっかり騙されてしまうこともあります。

全国の振り込め詐欺（特殊詐欺）の被害件数は、２０２１年には１万４４９８件、被害額は２８２億円でしたが、２０２３年には１万９０３３件、被害額は４４１・２億円と被害がより甚大なものとなっています（警視庁調べ）。

**被害が拡大する中で、振り込め詐欺を防止するためにＡＩが活用されている例もあります。**２０１９年に横浜信用金庫と東日本電信電話株式会社（ＮＴＴ東日本）は、ＡＴＭコーナーにおける振り込め詐欺抑止対策として、詐欺解析ＡＩを活用した実証実験を実施しました。

これはＡＩカメラや音声監視システムを使った実験で、利用者がＡＴＭを操作する映像や発している言葉などから、振り込め詐欺に遭っている可能性をＡＩが判定。不審な場合はアラームで店舗に通知したり、ディスプレイに警告表示をしたりするというものでした。

この実証実験以外にも、さまざまな銀行でＡＩカメラを店舗へ導入する動きが進んでいます。北洋銀行が２０２１年に導入した「エッジＡＩカメラ」は、利用者が電話を掛けながらＡＴＭを操作したり、順番待ちをしているなどの行動を検知すると、店舗内の職員へリアルタイムで通知します。職員が利用者に声掛けを行うことで振り込め詐欺を未然に防ごうという取り組みです。

どんなに監視していても人海戦術では見過ごしてしまう可能性もありますが、ＡＩであれば正確に状況を判断してくれます。ＡＩが振り込め詐欺の防止に一役買ってくれるのであれば頼もしい限りです。

また、詐欺の電話を取ってしまっても、その会話内容をＡＩが判断して、通知してくれるサービスもあります。シャープ株式会社の迷惑電話対策機能搭載のスマートフォンは、未登録の電話番号や、あやしい会話を検出して、アラートで表示する機能があります。未登録の番号からの会話内容を特殊詐欺の事例に基づき通話中に解析し、詐欺電話と判断したら音と画面表示で知らせてくれる、という

ものです。こうしたサービスはどんどん身近になっていくことでしょう。

## ⑤ 孤独を楽しむためのAI
### ペットや家族のようなコミュニケーションロボット

居場所を失いがちな老後は新しい居場所ができれば苦労しませんが、居場所づくりはその人のコミュニケーション能力によって難易度が変わります。コミュニケーション能力が高い人であれば、新しいコミュニティに参加することは苦にならないかもしれませんが、コミュニケーションを苦手とする人には大きなハードルです。

しかも、信頼関係はある程度の時間をかけて育まれるものですから、時間を必要とします。いざコミュニティに入っても、自分が望む関係性を築けなければストレスを抱えることにもなりかねません。心を許せない相手と付き合っても気を遣うだけですし、土足で踏み込まれるような関係性もストレスです。

## 「なんとなく寂しい。けれど人間関係を築くのは面倒だ」という方は、ＡＩと孤独を楽しんではいかがでしょうか。

ＡＩの進歩に伴って、対話を通じて情報を提供したり、ふれあいによって人を癒す「コミュニケーションロボット」が登場しています。介護施設や病院といった施設だけでなく、一般の家庭で愛用する人もおり、コミュニケーションロボットとの暮らしをユーチューブにアップしている人もいます。

コミュニケーションロボットといえば、１９９９年に登場した犬型ロボット「ＡＩＢＯ（アイボ）」を覚えているでしょうか。自律的に動き、子犬のような動作で利用者とコミュニケーションが取れるロボットとして、大変話題になりました。

当時のアイボは視覚カメラで相手が誰なのかを認識し、相手に応じて行動を変えたり、言葉を理解することもできました。また、頭やあごなどをなでられると喜び、瞳や鳴き声、尾などを使って気持ちを表現しました。アイボは利用者が意図しない動きをしたり、新しいポーズを覚えたりすることもできたため、本当の動物と接しているかのような感覚を楽しめるロボットでした。

アイボはコミュニケーションロボットの先駆的な存在で、今日のロボット技術に大きな影響を与えました。今ではさまざまな企業がコミュニケーションロボットを発売しています。ちなみにアイボも、より進化した形で発売されています。

一例として、現在実用化されている家庭向けのコミュニケーションロボットをご紹介します。

### Romi（ロミィ）：ミクシィ社

大規模言語モデル（LLM）で学習したオリジナルの会話AIによって、定型文ではない自由な会話ができる手のひらサイズの会話AIロボット。持ち主の好みを学習し、会話の流れや天気、時間帯などを考慮した適切な返答をその都度AIが生成して、言葉のキャッチボールが楽しめます。

会話だけでなく、ChatGPTと連携したモードで便利な情報を引き出したり、

自由な会話ができる手のひらサイズの会話AIロボット「ロミィ」
※株式会社 MIXI プレスリリースより

一緒になぞなぞや脳トレゲームなどの娯楽を楽しんだり、天気予報やニュース情報の提供、目覚まし設定なども行い、生活をサポートしてくれます。

**LOVOT（らぼっと）：GROOVE X社**

「役に立たない。でも愛着がある新しいロボット」をコンセプトにつくられたコミュニケーションロボット。37〜39℃の体温があり、柔らかな肌触りが特徴で、搭載された50以上のセンサーによって生き物のような動きを再現しています。会話はできませんが、鳴き声やまばたき、瞳孔のひらきまで緻密に設計されています。

LOVOTは持ち主と過ごす時間が長くなるにしたがって成長します。鳴いて甘えた

シニアの見守りや介護施設でも活用されている「LOVOT」

※ GROOVE X 株式会社プレスリリースより

り、人の顔を認識して近づいてくる、なでてあげると喜び、居眠りするなど、生き物のように行動します。留守番機能やモニター機能なども搭載しており、見守り役としても活躍します。

## 亡くなった人をよみがえらせる「故人AI」

もし故人と再び会話ができたら、どんなにいいだろうと思ったことはないでしょうか？　死は、私たちが生き物である以上、避けられないもの、のはずでした。というのも、ＡＩを使って故人をよみがえらせる「故人ＡＩ」と呼ばれる分野が登場し、世界で開発が進んでいるのです。

親や伴侶など大切な人を亡くすことは、

人生の中でも特に大きな喪失体験であり、うつを引き起こすなど、心と体に大きな影響を与えます。残された人はすぐに死という現実を受け入れられるわけではなく、否認、怒り、無気力といった複雑な感情を抱き、いくつかのプロセスを経てようやく受け入れることができるようになります。

大切な人の死に直面した際に感じる苦痛を「グリーフ（悲嘆）」と呼び、グリーフの状態にある人に寄り添い、支援する「グリーフケア」という考え方があります。故人ＡＩはグリーフケアの一環として開発されています。

## 故人ＡＩの例

故人ＡＩの先駆的存在として話題になったのが、アメリカのヒアアフター社によるサービスです。仕組みは、故人が生前に話した会話の録音データをもとにＡＩが学習し、故人の声と会話ができるというもの。

たとえば、「アレクサ」を通じて「好きだった歌を歌って」などと話しかけると、故人の音声が答えてくれるのです。「とても悩んでいる」と話せば、「あなたなら大丈夫」といった具合に、故人らしい言葉で遺族を慰めてくれます。

日本でも故人ＡＩは開発されており、２０２４年4月には故人の写真や音声、記録などをもとに、故人の性格や声、動画を復活させるというサービス「ＡＩ故人サービス」が発表されました。故人の音声が15分ほど残されていれば、パソコンなどの画面上で故人と双方向の会話が楽しめるといいます。

故人ＡＩはグリーフケアの一つとして考えられる一方で、倫理的な観点で否定されることもあり、賛否両論があります。良いか悪いか、という問題はさておき、**私が大切だと思うのは、「ひとりでも幸福に暮らしていく」という考えです。**

誰でもいつかはひとりになります。だからこそ、孤独から目をそらさずに受け入れようとすることで、死ぬまで幸せでいられるのではないでしょうか。

## バーチャルの世界で海外旅行！

こちらは主に「ＶＲ」という技術を使ったものですが、将来的にＡＩを組み合わせることで、より楽しめる可能性のあるものです。

ＶＲは仮想現実と呼ばれる技術で、コンピューターがつくり出した仮想空間を現実のように体験できるものです。ゴーグルやヘッドセットなどを使うとより臨場感が増し、視覚、聴覚、触覚などを刺激する体験が楽しめます。

東京都池袋にある「FIRST AIRLINES（ファーストエアラインズ）」は、飛行機のファーストクラスの空間を実際に再現した施設です。機内食やキャビンアテンダントによるおもてなしなどのサービスが受けられるほか、ＶＲやプロジェクションマッピングなどを使って世界各国の疑似旅行も楽しめます。

また、外出が難しいシニアのみなさんに向けて、ＶＲを使った「疑似旅行」を楽しんでもらうという取り組みが注目されています。東京大学先端科学技術研究センターの登嶋健太さんが考案した「ＶＲ旅行」というもので、ゴーグルをつけると海外や国内の景色が３６０度の範囲で映し出されます。

ＶＲを使えば、屋久島やパリ、パタゴニアなど、なかなか簡単には行けない場所にも旅行ができるとあって、体験者からは大変好評だそうです。新しい刺激や喜びは前頭葉を活性化させますから、脳にもとてもよい体験だといえます。

実証実験の結果では、VR旅行が視空間認知機能と頸椎（首）可動域の改善効果を引き出すことも明らかになっています（2022年7月16日〜9月24日に実施された東京大学先端科学技術センター・株式会社SOYOKAZEにより行われた実証実験結果）。

VR旅行にAIを組み合わせれば、景色のリアルな動きを再現できたり、個人の好みに合う旅行プランを提案したりということも可能になるでしょう。自宅にいながら思い出の場所や憧れの場所に行けるようになるのは楽しみですね。

## ひとりは当たり前。ひとりだからこその幸福がある

老後の不安はいろいろありますが、その根本にあるのは「孤独への恐れ」ではないでしょうか。

「人は家庭を持って一人前」なんて言われた時代もありましたが、最近は男女ともに生涯未婚率が上昇しています。経済的な理由で結婚したくてもできない、などの消極的な理由もあるかもしれませんが、私は「ひとりの人生が当たり前だ」とみんなが気づきはじめたことも理由の一つではないかと思っています。

あなたの周りには自分の好きなことに没頭して、楽しそうにひとりで暮らしている人はいませんか？　幸せというのは主観的なものです。今までは「家庭を持って子どもを育て、家族で暮らす＝幸せな人生」と信じられてきました。ですが、それは我慢や社会的圧力から生じた考え方に他なりません。

**「家族のために生きることこそが幸せだ」などと思い込んでいると、ひとりになったときに絶望しか残りません。その考えは非常にもったいないことです。**

ひとりでもできること、ひとりだからこそ楽しめることはたくさんあります。誰に縛られることなく、好きなときに好きなことができる「自由」は、精神的安定をもたらし、健康に直結します。

孤独への恐れは誰もが感じると思いますが、一歩先に進んでみましょう。孤独を受け入れた先に待っているのは幸福です。

**私だったら、死ぬ間際に「寂しい晩年だったな」などと後悔せずに、「幸せな人生だった！」と笑いながら人生を生き切りたいと思います。**

どうかありのままの自分で、好きなことをやってみてください。さらにＡＩを相棒にすれば、世界はどんどん広がります。

ＡＩはこの先、さらに進化します。一人ひとりの人間に合わせた対応が可能になるでしょうし、トラブルも臨機応変に解決できるようになります。そうなれば、ＡＩは人間以上に頼りになる最強のパートナーになるのではないでしょうか。

- ＡＩは認知症予防、介護支援、医療診断の精度向上に貢献し、シニアの健康維持と生活の質向上をサポートする
- ＡＩを活用したロボアドバイザーによる資産運用支援や、振り込め詐欺防止のためのＡＩカメラや音声監視システムが、シニアの経済的安全を守る
- コミュニケーションロボットやＶＲ技術を用いた仮想旅行システムが、シニアの孤独感を軽減し、新たな体験や楽しみを提供する

## 第2章のまとめ

- □ AIは老後の5つの不安（認知症、介護、健康、お金、孤独）を解消する多くのサポートを提供できる
- □ 認知症予防や対策として、AIを用いた会話アプリが脳の活性化に役立つ
- □ 介護分野では、AIロボットが見守りや日常生活のサポートを行い、負担を軽減する
- □ 健康面では、AIが画像診断や手術支援を行い、より正確で負担の少ない医療を可能にする
- □ 資産運用や詐欺防止など、金銭面でもAIが有効なサポートを提供する
- □ コミュニケーションロボットやVR技術を活用し、孤独感の解消や新しい体験を提供する
- □「故人AI」など、グリーフケアの新しい形としてAIが活用される可能性がある
- □ 孤独を恐れるのではなく、AIを活用してひとりでも充実した生活を送ることが可能

第3章

# AI時代を楽しむ
# ハツラツ老人になろう

# AIで世の中の常識はこう変わる

## ラクをするのは悪いことじゃない

ＡＩの活用が進むと、人の暮らしや常識は大きく変わります。たとえば掃除一つとっても、ロボット掃除機の登場で大きく変わりました。かつては掃除機をかけたり、ほうきで掃いたり、つまり掃除は人間が体を動かして行うことが当たり前でした。年をとって腰痛が気になっていても、「自分がやるしかない」とがんばっていた人もいるでしょう。それが、今やソファに座ってテレビを観ている間に、ロボット掃除機が勝手に掃除をしてくれる時代です。

ＡＩを使った商品が増えれば増えるほど、ラクできることは増えていきます。

「苦労は買ってでもしろ」なんて言われて育った世代は「ラクをすること」に抵抗があるかもしれませんが、そうした固定観念は捨ててしまったほうがよいと私は考えています。

そもそも、世の中は人間がラクをできるように進化してきました。洗濯機も炊飯ジャーも掃除機も、面倒くさい家事をラクにするために機械化されたものです。便利になることやラクをすることを否定したら、技術の進歩は止まってしまうでしょう。

**ラクができて自分でやらなくてよいことが増えれば、自由に使える時間が増えます。人生の貴重な時間を自分のために使いましょう。**やりたくないことを続けて暗い顔をしているよりも、好きなことをハツラツと楽しんでいるほうが、周りも元気になります。

## AIで便利になったらボケは加速するのか

「世の中が便利になると、自分で考える機会が減ってボケが加速するのではないですか？」

そんな質問を受けることがあります。一面的な見方をすれば、AIによって生活が便利になり、今より頭も体も使わなくなれば、身体が衰える可能性はあります。

ですが、生活全般が便利になれば、新しい刺激を受ける機会が格段に増えるはずです。**今まで行けなかったところへ行ける、新しい生きがいが生まれる、できなかったことができるようになる。「人生を楽しめている」という喜びは、脳を活性化させます。**

それこそ、自動運転の車いすで好きなところへ自由に行けるようになれば、感動的な景色を見たときに、「もっと景色を堪能するために、がんばって歩いてみようかな」なんて気になるかもしれません。

ちなみに、「自動車の免許を返納すると、６年後の要介護率が２・２倍に上がる」というデータがあります。普通に考えれば、車を運転したほうが歩く機会が減って足腰が弱ってしまうはずですが、実際には逆の結果が出ているのです。

実際、車が必需品となっているような田舎暮らしのシニアと、車を必要としない都会暮らしのシニアでは、田舎暮らしのシニアのほうが元気に見えます。田舎暮らしのシニアは車によって行動範囲が広がり、おのずと社会参加の機会が多くなります。対して、都会暮らしのシニアは足腰が弱ると途端に外に出なくなってしまい、結果として心身ともに衰えが加速してしまうのです。

毎日、同じリズムで生活し、同じお店で買い物をして、同じ作家の本ばかり読んでいる。そんなルーティン化した生活は、脳には退屈なものです。特に前頭葉は、ルーティンなことをしてもさほど活性化しないことがわかっています。車のようにＡＩを上手に活用して生活に刺激を加えれば、前頭葉の活性化につながり、ハツラツと楽しい人生を送れるはずです。

ＡＩを使う大事なポイントは、「自分がイキイキできるか」ということです。社会参加のきっかけになる、できなかったことができるようになる。こうした**プラス体験が増えることで「長生きも悪くないな」と思えるようになるのなら、ＡＩはあなたの人生に大きな価値を生むでしょう。**

## 人間の仕事は確実に減っていく

よく、「ＡＩが人間の仕事を奪うのではないか」などといわれますが、本当にそうなのでしょうか。２０１５年に発表された野村総合研究所とオックスフォード大学との共同研究の結果によれば、「日本の労働人口の49％がＡＩやロボットで代替可能になる」と試算されました。

特にＡＩが得意とする、「パターン化できる（決められたルールに則って行う）職業」は、急速に奪われていくでしょう。具体的には、レポートの作成やデータ入力、経理、銀行の窓口、倉庫作業などです。

一方で、身体や精神にかかわる仕事や創造力が必要とされる職業は、ＡＩが代

替するのは難しいと考えられています。具体的には医師やインストラクター、美容師やカウンセラーなどです。

だからといって医師は安泰かといえば、全然そんなことはありません。第2章で紹介したように、AIによる画像診断の技術は進歩しています。今までのように検査データを見て、診断して薬を出すだけの医者は淘汰されるでしょう。

AI時代に医師が求められることは、より原始的なスキルになるはずです。原始的なスキルというのは、コミュニケーションを大切にしたスキルということ。「この患者さんの体質にこの薬は合わないから、別の方法を考えよう」

「飲む薬の種類が増えてしまうから、量を少し調整しよう」といった具合に、**一人ひとりの患者さんの状況に合った判断ができることが医師の価値となるわけです。**患者さんの不安を察知して、安心してもらえる説明ができるなど、まさに「人間的な診察ができるかどうか」が医師として生き残る条件になるでしょう。

日本は「少子化が問題だ」とあれやこれやと少子化対策をしていますが、私は意味がないのではないかと思っています。ＡＩが普及すれば仕事は確実に減るのですから。

## ＡＩ時代はシニアが仕事で輝ける時代

ＡＩが代替する仕事が増える一方で、シニアにとっては働きやすい環境が増えるという意見もあります。その理由は二つあります。

## ① シニアの身体的なハンデがなくなる

現状、ＡＩには難しいとされているのが「決断する、方向性を決める」といった能力です。データを集計して分析したり、「どうすればよいか」を決めたりすることは苦手なのです。

ＩＴ時代は、データの集計も人間が行わなければなりませんでした。パソコンをなかなか覚えられない上司が、ツールをサクサク使いこなす若手にバカにされる、なんてこともありましたが、ＡＩ時代はその常識が覆ります。**データ集計と分析はＡＩに任せればよいのですから、パソコンの使い方をなかなか覚えられなくても、ハンデはありません。**

決断力やリーダーシップ、思考力の点であれば、若者よりも経験豊富なベテランのほうが頼りになることも大いにあり得ます。ＡＩ

を活かして今までよりも多くの情報を集め、よりよい判断ができる可能性が高いのです。

クリエイティブな制作物に関しても同じようなことがいえます。

たとえば、広告に使うコピーを決める場合。ＡＩであれば条件を伝えるだけで、いくつもの文章（下手をすると万単位の）を瞬時に作成してくれます。そうなると、人間にはその中からよいもの（その人にとって一番必要なもの）を選ぶ「目利きの力」や、ヒットに必要な要素をプラスするといった「感性」が重要になってくるでしょう。

**一からモノをつくる、最初から最後まで自分でやらなければならないのであれば、若者と比べてシニアには記憶力や体力などのハンデがありますが、感性の勝負となればハンデはありません。**多くの経験をしてきたシニアほど、ありきたりではない独自の感性で活躍できるかもしれないのです。

## ② 気軽に働いて老化を防止する

記憶力や体力面といった、シニアのハンデをＡＩが補助できるとなれば、雇用主側もシニアを雇いやすくなると考えられます。また、コストをかけてＡＩを導入するほどでもないような小規模な作業は人間がやることになります。体を動かすような仕事も残るでしょう。

こうした環境は、「年金をもらっているけど、もう少しぜいたくがしたい」とお小遣い稼ぎ程度に仕事がしたいという人には絶好のチャンスです。ちなみに、**働き続けるほど若々しくいられる、ということはデータでも裏付けがあります。**

都道府県のなかで平均寿命が長いことで知られる長野県ですが、かつては真逆の状態であり、平均寿命のデータは下位に位置していました。順位が上昇しはじめたのは１９７５年以降のことで、２０１０年には男女ともに都道府県ナンバーワンになりました。厚生労働省の最新の調査（２０２０年）では、男性は82・68歳で第2位、女性は88・23歳で第4位です。

なぜ長野県が長寿県になったのか、さまざまな推測がなされていますが、私が考える要因は**「シニアの就業率の高さ」**です。これまでに長野県は高齢者就業率

において、何度も全国ナンバーワンを記録しているのです。また、長野県では高齢者1人あたりの医療費が全国最低レベルだという調査結果もあり、年をとっても元気な人が多いといえます。

2017年の総務省統計局によるデータによれば、長野県の高齢者有業率は男性が41・6%で全国第1位、女性も21・6%で第1位です。少なくとも有業率が4割を超えている男性においては、就業率の高さが平均寿命の高さに影響していると考えられます。

また、沖縄県のデータからも同じような推測が成り立ちます。沖縄県は長寿県というイメージがありますが、長寿なのは女性だけで、男性の平均寿命は全国平均を下回っています。

厚生労働省の最新の調査（２０２０年）では、男性は全都道府県中43位の80・73歳、女性は全都道府県中16位の87・88歳でした。

なぜ同じ土地に住む男女でこれほどまでに寿命の差が生まれているのか。ここにも高齢者有業率が関係していると考えられます。沖縄県における男性の高齢者有業率は、全国で最下位なのです。

女性に関しては、専業主婦のほうが若い頃から高齢になるまで家事を一手に担っているという場合もあるために、就業率が男性ほどには影響を及ぼさないのかもしれません。

## 生成ＡＩを使えば、みんながアーティストになれる

生成ＡＩという言葉をご存じでしょうか。生成ＡＩとは、「創造するＡＩ」であり、文章や画像、音楽、音声、動画などをつくってくれるＡＩのことをいいます。従来のＡＩは主に分析や予測、ルーティン作業の自動化などに活用されていましたが、生成ＡＩの開発が進み、クリエイティブな領域でも活用が進んでいる

のです。

たとえば、対話形式でＡＩが人間の質問に回答するChatGPTに、「猫が主人公の日本を舞台にしたファンタジー小説を書いて」と指示をすれば小説を書いてくれますし、指示をもとに動画を生成する専用ツールもあります。現状はまだ機能としては不安定な部分がありますが、生成ＡＩは今後ますます進化するでしょう。

「ＡＩが作品をつくれるようになったら人間は必要ない」ということではありません。**ＡＩが最初につくるものは、あくまでイメージ案です。人が好みに合わせて変化を加えることで、オリジナリティのある作品を生み出せるのです。**

もしも絵を描くことが苦手だとしても、あなたの思い描くイメージを言葉にしてＡＩに伝えれば、基本的なイメージが形になります。色使いや細かい部分の修正を重ねて（修正もＡＩにおまかせです）納得のいくものをつくり出す。あなたのセンスや目利きの力を活かしてアーティスト活動もできるわけです。

何十時間もパソコンに向かって文章を書き続けたり、キャンバスの前で絵を描き続けたりする必要もありませんから、体力が衰えるシニアにもチャンスがあります。むしろ、長年の経験が独自のセンスとして開花するかもしれません。70歳にして小説家、作曲家デビューなんてことも十分に現実的なのです。

## 「ＡＩの進歩を邪魔しているのは人間」という問題

以前、「世界最高齢のプログラマー」として知られる、現在89歳の若宮正子さんと対談したときにお聞きした話です。

若宮さんが対談場所に向かう途中、上りのエスカレーターに乗ったところ、何人か前に乗っていた杖を持った高齢男性がバランスを崩し、後ろに倒れてしまったそうです。幸い誰も大怪我をせずに済んだものの、若宮さんは手を擦って大きく皮が剝けてしまい、手のひらに包帯を巻いていました。

エスカレーターはバランスを崩しやすく、シニアのみなさんにとって危険な場所の一つです。転倒により骨折し、元気だった方が突然寝たきりになってしまうというケースもありますし、最近はベルトに巻き込まれての死亡事故も発生してしまいました。また若宮さんのように、思いがけない事故に巻き込まれる危険もあります。

もし、この事故が惨事になっていたら、どうなっていたでしょうか? ニュースに取り上げられて、「高齢者はエレベーターを使えばいい」「危ないエスカレーターを使った高齢者が悪い」なんて騒ぐ人が現れたでしょう。さらには、「年寄りは出歩くな」と理不尽な方向に話が進みかねないのが今の日本です。シニアに我慢をさせて解決しようとするのは大きな間違いです。

こうした**弱者に犠牲を強いて解決する姿勢は日本社会の深刻な問題であり、技術の進歩を妨げる抵抗勢力だと感じます。**エスカレーター事故が起きたときに本来考えるべきなのは、「シニアも安全に使えるエスカレーターをつくる」ということです。現在使われているエスカレーターの多くは、第三者がボタンを押さないと停止できない仕組みですが、それこそＡＩを活用すれば、今よりも安全なエスカレーターを開発できるはずです。

たとえば、ＡＩとセンサーを連動させてエスカレーター上で異常を検知したら即時停止させる仕組みや、転倒時にエアバッグのようなものを作動させる仕組みなども考えられます。

国や企業が予算をつぎ込んで技術開発に注力すれば、もっとシニアにやさしい安全な環境づくりができるでしょう。現に自動車の技術開発が進み、歩行者の行動検知が可能になったことで交通事故は大きく減りました。

ＡＩはシニアやあらゆる人の人生を豊かにする福音となりえる存在ですが、その成長を妨げているのが人間自身というのは、なんとも皮肉な話です。特に、日本は世界と比較してもデジタルやＡＩの普及に対する抵抗が強く、技術開発が遅れています。合理性よりも利権や私利私欲を優先してしまうのは、本当におかしな話です。

## 日本で自動運転が発展していかない本当の理由

ＡＩによる自動運転は顕著でしょう。人間の運転よりＡＩの自動運転のほうがずっと事故は少ないはずですが、もし自動運転で1件でも事故が起これば、警察とマスコミが連動し、「だからAIの自動運転は危ない」と囃し立て、その技術革新は頓挫することでしょう。

自動運転のいいところは、もし子どもが道路に飛び出してきてもGPSでキャッチしてブレーキを踏んでくれる点で、非常に安全なのです。極端な言い方かもしれませんが、そうしたAI搭載の自動運転車だったら、どんなに年をとっていようが酔っ払っていようが、大丈夫なわけです。そういう人の移動の手段が格段に増えるため、地方の経済だって確実に活性化することでしょう。

AIだって100万件に1件ぐらいはバグが起きます。それによって事故が起これば、テレビはセンセーショナルに報道するでしょう。なぜかというと、日本のテレビ局は取材費を抑えるために警察報道を垂れ流しているため、警察に頭が上がらない、という流れになっているからです。

例えば、誰かが逮捕されたとなると「警察関係者によると自供をはじめた模様です」といった報道を耳にすることがあるかと思いますが、テレビ局は自ら足で取材をしないのです。

警察に頭が上がらない日本のマスコミは、1件事故が起こっただけで「やっぱり自動運転車には人が乗っていないと危ない」「そういうときにちゃんと判断できる人でないと駄目だから、老人と酔っ払いは駄目だ」などと言いかねません。

いま、シニアのドライバーが1件でも事故を起こしたら「70歳以上は免許返納を！」といったような報道が繰り広げられます。統計的に、シニアのドライバーは2万人に1人しか死亡事故を起こしていないのに、です。

それと同じで、たとえＡＩが人による運転と比べて１００万分の１しか事故を起こさなくても、１件起こしたらその報道ぶりはすごいものがあるでしょう。**「やっぱりＡＩの車**

**でも事故を起こす」「やっぱり人が乗っていないと駄目」という話になります。ヒューマンエラーのほうがずっと多いのに……と感じずにはいられません。**

このように、日本ではＡＩの普及に関して抵抗勢力が幅を利かせている、というわけです。

もしＡＩが政治をやってくれたら、世界はもっと平和になるのではないか……そんなことも考えます。ＡＩには自分の利益やメンツを守るなどというくだらない感情はありません。本当に理性的な判断ができれば、武器を購入して威嚇したり、大きな犠牲を払ってまで戦争したりなどという非生産的な結論にはならないはずです。

**日本の30年以上続く不況も、ＡＩが政治をしていたら防げたかもしれません。なぜなら、ＡＩは悪い状態に陥れば、それを脱するために軌道修正を図るからです。**人間が大胆な策をとろうとすると反対勢力が現れることもあれば、人間関係のバランスをとるために余計な忖度も起こりがちです。対して、ＡＩに自己保身は必要ありませんから、常に合理的な判断ができるわけです。

## シニアにやさしいデジタル社会を実現したデンマーク

高齢化が進む国として知られるデンマークは、デジタル化によって行政サービスの利便性を向上させている、世界有数の「電子政府」の国としても有名です。

２０２２年に国連経済社会局が発表した世界電子政府ランキングでは、デンマークが２０１８年、２０２０年に続き1位を獲得しています。また、２０２４年に発表された世界幸福度ランキングでは世界2位を獲得しています。ちなみに日本ですが、世界電子政府ランキングでは14位、世界幸福度ランキングは51位です。

デンマークは税金負担が大きいことでも知られていますが、国民の幸福度も高いのです。対して日本は税金が増えるばかりで、幸せを実感できない人が多いという事実。同じ高齢化が進む国なのに、どうしてこうも国民の感じ方が違うのでしょうか。それは、デンマークがシニアにやさしい社会づくりに力を注いでいるからにほかなりません。

前述した若宮正子さんとの対談で、デンマークに関するこんなお話を教えていただきました。

スマホの画面上で指を滑らせてページをめくる動作を「スワイプ」といいますが、シニアは指先が乾燥しやすいため、スマホがなかなか反応してくれません。そこでデンマークでは、シニアが使いやすくなるように、国や自治体がつくるアプリにスワイプ操作を用いることを禁止したというのです。シニアにしっかり寄り添ってデジタル化を進めていることがよくわかる話です。

デンマークではシニアを対象としたテクノロジーを「ウェルフェアテクノロジー」と呼んで、福祉機器などの開発に力を注いでいます。ウェルフェアとは「幸福・福祉」などと訳される言葉です。

またここが特に大切なのですが、**利用する側のシニアも国や企業へ積極的に要望を出し、開発を推し進めています。日本でもぜひ見習いたい姿勢です。**

**不便なことを我慢して受け入れるのではなく、どんどんわがままを言いましょう。シニア自身も希望を伝えて働きかけることが、社会を変える力になります。**

ＡＩ時代は生活が変わるとともに、一人ひとりが価値観の変化を求められる時代ともいえます。年をとっても、周りに迷惑をかけるといって、家に引きこもったり、やりたいことを我慢したりする必要はありません。ＡＩを上手に使って、堂々と好きなことをしましょう。あなたがハツラツと生きる姿を見れば、後に続く世代も「長生きするっていいな」と希望を持ちます。どうか長生きをして、たくさん幸せな体験を重ねてください。

## ＡＩを使うかどうかが分かれ道。まずは心の壁をリセットしよう

体の老化がはじまると、若い頃には使わなかったものも使うようになります。たとえば「おむつ」です。下着に貼り付ける尿とりパッドなどもありますね。私も尿が近くなってきているので、ドライブで遠出するときなどには尿とりパッドをつけています。

ですが、なかにはいくつになってもおむつに抵抗感を持つ人がいます。補聴器や杖なども同じです。**こうした道具を使わない理由が、「年寄りじみているから頼りたくない」ということなのであれば、とてももったいない話です。**

ＡＩの活用が進めば、もっと快適で高性能な補聴器などもつくれるでしょうし、道具に頼ることで豊かに暮らせるシーンが増えるでしょう。そう考えると、シニアのみなさんが自分自身の心理的抵抗を取っ払っていくことがＡＩ時代に楽しく生きるための知恵だといえます。

残念ながら、今の日本社会はシニアのみなさんにやさしいとはいえません。先ほどのエスカレーターの話もそうですが、ある程度の体力や知能がある人を基準に考えられていますから、基準を満たさない人たちには冷たいものです。

やがては誰もが年をとり、身体が衰えるのは必然。ですから、もっと寛容な社会になってほしいものですが、手をこまねいて悲しんでいても仕方ありません。だからこそ、ＡＩなり道具なりの力を借りて、図々しく生きていくことが幸せに生きるコツだといえます。

- ＡＩの普及で日常生活が便利になり、シニアの身体的ハンデが軽減される一方で、人間にしかできない仕事の価値が高まり、シニアの就業機会が増える可能性もある
- 生成ＡＩの発展により、誰もがクリエイティブな活動に参加できる可能性が広がり、シニアも新しい挑戦や自己実現の機会を得られるようになる
- 日本はＡＩやデジタル技術の普及に対する抵抗が強く技術開発が遅れている。シニア自身が積極的に要望を出し、社会変革に参加することが重要

# ハツラツ老人になるために知っておきたい「老いの知識」

## 節制することだけが老後じゃない。優等生を卒業しよう

ＡＩ時代を思う存分満喫するためには、シニアのみなさん自身がハツラツとしていることが大切です。同じシニアでも、ハツラツとしている人とヨボヨボになってしまう人がいますが、何が違うのでしょうか。

メディアではダイエットや予防医学に関する情報が飛び交っています。かつては「やせ型こそ健康的だ」というような風潮もあり、ふくよかな人はどこか申し訳ない気持ちになった方も少なくないでしょう。ですが、最近はやせ型よりも小太り体型の人のほうが長生きをすることが明らかになりました。

あれはしてはいけない、これをしなければならないと、ストイックに管理しなければ元気でいられないのかといえば、まったくそんなことはありません。むしろ、我慢をして気力を失ってしまえば本末転倒。無理に優等生を続けていては、心も体も老化が進むばかりです。

私は「嫌なことはやらない」ぐらいの気持ちで過ごすほうが、よっぽどハツラツと生きられると考えています。**年をとってから喪失体験が増えて気分が落ち込みがちな人や、やりたくもない健康法を続けて辟易としている人は、一度頭を切り替えるところからはじめましょう。**

ここからは、AI時代を楽しむハツラツ老人になるために、私がおすすめする生き方のポイントをお話ししていきます。

## 長生き至上主義の呪い

「日本は長寿の国だ」といわれればうれしい気持ちにもなりますが、そもそも長生きだけが本当の幸せなのでしょうか。

医療が発達して延命治療が可能になったことで、医者や患者の家族の意識が、「いかに長生きさせるかが大切＝長生き至上主義」になってしまったように感じます。極端な長生き至上主義がもたらしたのは、少しでも悪いところがあれば薬を飲む、食事を節制するといった窮屈な生き方でした。

健康診断で血圧が基準値よりも高いとわかったら、「お酒をやめて、塩分の少ない食事にしましょう」と言われ、体の不調がなくても、血圧を下げる薬を飲み続けることになる。**食事の楽しみを奪われて、薬の出費が増えてしまうと考えるとは、なんとも悲しい話です。**

血圧の薬に関するこんな大規模調査の結果があります。

高血圧の人でＡという血圧を下げる薬を飲んだ人と飲まなかった人について、

・薬を飲まない人は６年後に脳卒中になる確率は８％になる
・薬を飲んだ人は６年後に脳卒中になる確率は５％に減少した

というものです。この結果を知って、どう思いましたか？

８％が５％に減っているのは確かですが、そもそも薬を飲まない人も90％以上の人は脳卒中になっていないということです。しかも、薬を飲んだとしても０％になるわけではなく、３％ほどしか減っていません。

実際のところ、若干の延命はできるとしても、医者ができることは少ないものです。にもかかわらず、「この薬さえ飲めば大丈夫」だと患者さんが錯覚するような対応をして、人生の楽しみを奪ってしまう。これはいかがなものかと思います。

## 長生きしてよかったと思える時間を過ごす

延命治療を否定するわけではありませんし、人それぞれの死生観を大切にしていただきたいというのは大前提です。ですが、長生き至上主義の影響で、年をとったらなにかと我慢をして迷惑をかけずに生きるべき、と考えている人が多いように感じています。

どうか**長生きが目的ではなく、「長生きをしてよかったな」と思える時間を過ごしてください。**私はラーメン好きで年間200軒以上のラーメン屋を巡っているわけですが、1年長生きしたら、さらに200軒のおいしさが味わえると思うと楽しみでなりません。

AIや新しいテクノロジーを使えば、できることの幅も広がります。家にいながら憧れの国へバーチャル旅行もできるでしょう。自分の自叙伝を残したいとなれば、AIに文章を書いてもらうのもいいでしょうし、絵を描くことも作曲することだって可能です。食事が好きな方は、好みをもとにおすすめの飲食店やレシピをＡＩに調べてもらえば楽しみが広がります。

## 60代は長生きを楽しむための一つのターニングポイント

第2章では、日本人が不安体質であることを踏まえながら、必要な不安と不要な不安を切り分けようとお話ししました。年をとれば脳が衰えて多少ボケることは避けられませんし、体も変化することは間違いありません。老後の不安を緩和するには、実際に変化が起こる前に対処法を考えておくことも有効です。

これから高齢といわれる年代を迎える方にお伝えしたいことがあります。老いの入口にさしかかった60代は一つのターニングポイントです。60代はシニアといえど、まだまだ若い年代です。体力や柔軟性があるうちに、老いについて知っておくことが望ましいでしょう。

60代以降は老化の個人差が開きやすくなります。若い頃は50メートル走をしても、早い人なら6秒台、遅い人でも15秒位のタイムで走れるのではないかと思いますが、60、70代になると、8秒台で走れる人もいれば、歩くことすらままならないという人も出てきます。

この差は「老いと上手に付き合っているかどうか」によるものです。体だけでなく脳も同じで、使わなければ衰えるばかりです。60代のうちから老いと向き合っておけば、10年後、20年後に差がつきます。

では、現在70代、80代の人はもう遅いのかといえば、そんなことはありません。**「今」を大切にして脳と体を動かし続ければ、老いのスピードを和らげられます。できなくなったことを悲しむよりも、今できていることに目を向けてみてください。**きっとたくさんあるはずです。今できることは明日もできると信じて、不安を吹き飛ばしましょう。

# 第3章

# ＡＩ時代を楽しむ
# ハツラツ老人になろう

- 長生き至上主義を脱し、楽しみを見出すことでハツラツとした老後を送る。
- 60代は老いの入り口。この時期に対策を考え、将来の個人差を縮める。
- 年齢に関わらず、現在できることに注目し、脳と体を継続的に動かす。

# 老後でいちばん怖い病「うつ病」の現実と対策

## 昔より見た目が若返っても、「心」は同じように老化する

マンガ『サザエさん』（朝日新聞出版）に登場する、サザエさんの両親である磯野浪平と磯野フネの年齢をご存じでしょうか。原作では、磯野波平は54歳、磯野フネは52歳（磯野フネの年齢は諸説あります）です。21世紀を生きる50代の人たちと比べるとだいぶ老けている印象ですが、おそらくマンガの連載がはじまった当時（１９５１年）は、彼らの姿が一般的な50代だったのでしょう。

磯野夫妻と同年代（52～54歳）の芸能人というと、竹野内豊さんや西島秀俊さん、石田ゆり子さんや常盤貴子さんなどが該当します。一般的な50代の姿ではな

いかもしれませんが、それよりも磯野夫妻が50代、ということのほうが違和感を持つのではないでしょうか。ここ70年ほどで、人の見た目は大幅に若返っているのです。

昔よりも見た目が若返る一方で、「心」の老化現象は昔と変わらずに起きています。**実は、高齢になるほど心の病気にかかりやすくなるのです。**

第2章（老後が不安になるのは喪失体験が増えるから）でも触れましたが、60代以降は親や大切な人との死別、定年退職といったさまざまな喪失体験に直面します。悲しみや環境の変化によるショックが心に大きなダメージを与え、うつ病を引き起こす可能性もあります。子どもが親元を離れていくことも一つの喪失体験です。

また、親の介護をはじめる人もいるでしょう。老いた親を子が支える側に立ち、親子の関係性が変化することも、喪失感を与える大きな環境変化です。

人がうつ病にかかる割合は、65歳以下では3％ほどといわれますが、65歳を迎えると5％に上昇します。この変化には医学的な根拠があり、心を安定させてくれる「セロトニン」という神経伝達物質の減少が原因とされています。

年を重ねるごとに分泌量が減少するセロトニンは、別名「幸せホルモン」といわれ、精神を安定させる役割を担っています。他の神経伝達物質のなかにはストレスに反応して怒りや不安、恐怖などの感情を引き起こす「ノルアドレナリン」や、向上心や快楽といった感情を引き起こす「ドーパミン」などがありますが、これらの神経伝達物質の分泌をコントロールしてくれているのがセロトニンです。

このように、環境や体の変化が大きい60代は心が不安定になりやすい年代です。**どんなに見た目が若く元気な人も、「60代は変化があって当たり前」と認識しておけば、これまでにない変化にも冷静に対応できるでしょう。**「まだまだ自分は若い」と高をくくっていると、いざ心の症状が現れるとパニックになり、対応が遅れる可能性もありますので注意しましょう。

## 認知症よりも怖いのはうつ病

シニアはうつ病になるリスクが上がっていきますが、老人性のうつ病の存在は社会ではさほど問題視されていません。それは、シニアのうつ病がなかなか気づかれにくいことにも一つの原因があるように感じています。

シニアのやる気が低下しても、周囲が「意欲が衰えたのは年をとったせいだろう」と考えて、深刻に捉えないケースも多いようです。また、物忘れや日常の行動が億劫になっている様子を認知症と誤診され、誰にも気づかれないままうつ病が進行してしまうケースもあります。

実際に、私が診療している患者さんの６～７割は認知症、残りの３割程度がうつ病です。認知症は「多幸症」といわれることもあるように、中期以降になると本人自身が感じる辛さは和らいでいきます。対して、うつ病は悲観的になる、本人にとってつらい病気です。

**正直なところ、医師である私自身が最もなりたくないと思う病気がうつ病です。**

うつ病は体のだるさや食欲不振、なにかを食べても味を感じないといった症状が続きます。さらには、人に迷惑ばかりかけているという罪悪感に苛まれ、孤独

になります。しっかり治すか認知症にでもならない限り、いつまでも辛さを抱えながら生きていかなければならないのです。闘病中に喪失体験が重なり、最悪の場合、自ら命を絶ってしまうこともあります。

うつ病の症状は心だけでなく、体にも悪影響をもたらします。シニアは若い頃と比べて体内の水分量が減りますから、食欲不振が続けば容易に脱水症状を起こします。脱水によって血液がドロドロになると脳梗塞や心筋梗塞のリスクとなりますし、脱水は免疫機能も低下させるため、肺炎などにかかりやすくなります。うつ病がきっかけで体力が低下し、死を早めてしまうことも少なくないのです。

## うつ病は治療もできるし予防もできる

幸いうつ病は認知症と異なり、現代医学で治療法があります。若い人は心理性の要因が絡み、薬があまり効かない傾向が高いといわれるのですが、老人性のうつはセロトニン不足が主な要因であることが多いため、薬が効きやすいのです。**少しでも自分の異変を感じたら、なるべく早く医師に相談することをおすすめします。**

私がシニアのみなさんを診察しているなかでかなり多いのが、「セロトニン不足症候群」といえる患者さんたちです。うつ病と診断するほどではないのですが、心と体の不調が現れており、四六時中不安を感じ、体のあちこちが痛い、調子が悪いと不調を訴えてこられるのです。刺激に敏感になり、体の痛みを感じやすくなるのもセロトニン不足の影響です。

セロトニンが正常に分泌されていると、意欲的になるとともに不安が弱まり、前向きでいられます。反対にセロトニンの分泌が減少すると、ノルアドレナリンやドーパミンが暴走し、気分が落ち込み、意欲が低下してしまいます。また痛みに敏感になり、腰痛や頭痛といった症状があらわれます。ひどくなるとうつ病の他、パニック障害といった精神症状も引き起こします。セロトニンは心の安定に欠かせない存在です。

このセロトニン不足症候群の人たちに脳内のセロトニンを増やすうつ病の薬を処方すると、不調が治るケースがよくあります。最近では、不調の原因がセロトニン不足と考えられる場合は、整形外科などの医師も腰痛の患者にうつ病の薬を処方することもあるようです。

年をとると通院する機会が増え、薬も増える……。「これ以上病院にはかかりたくない」という人も多いでしょう。うつ病にならず、日々を元気に過ごすために心がけていただきたいのが、セロトニンを補う生活をすることです。60代以降は意識的にセロトニンの分泌を増やすように心がけましょう。

## セロトニンを増やすのは「肉」と「散歩」

セロトニンを増やすためにおすすめの方法は２つあります。

１つは肉を食べること。肉にはセロトニンの材料となるトリプトファンというアミノ酸が多く含まれています。**肉を積極的に摂ることで、セロトニンの生成が促進され、やる気の低下を抑制してくれるのです。**

肉と聞くと、コレステロールが高くなるからと避けている方もいるかもしれません。たしかに、コレステロールは動脈硬化を促進して心筋梗塞のリスクにもなりえますが、日本人にとっては極端に避ける必要はないと考えられます。

アメリカは心疾患が死因のトップであることから、コレステロール＝悪とされるのも理解できますが、日本の場合は状況が異なります。心疾患で亡くなる人がOECD諸国の中でも格段に少なく、がんで亡くなる人が急性心筋梗塞の12倍もいるのです。また、コレステロール値が高い人のほうがうつになりにくい、免疫力が高くがんになりにくい、ということも明らかにされています。

シニアが心の元気を保ち、長生きを楽しむためには、動脈硬化の予防よりもうつ病の予防を優先すべきではないか。こうした観点から、私は肉を食べることをおすすめしています。

ちなみに、トリプトファンを多く含む食材は肉のほかにも魚や大豆製品、乳製品、バナナなどがあります。好みの食材を組み合わせるなどしながら、セロトニンを増やす食事を続けましょう。

セロトニンを増やすもう一つの方法は散歩です。日光をよく浴びることがセロトニンの分泌を促進します。散歩が習慣づくと筋力もつきます。どうしても部屋から出られない日は、窓を開けて日光を浴びるように意識する

といいでしょう。

日光を浴びてセロトニンがつくられると、夜にはセロトニンから睡眠ホルモンと呼ばれる「メラトニン」がつくられます。高齢になると眠りが浅くなり、朝早く起きてしまう、不眠が続くという人が増えますが、これはメラトニンの減少が原因です。セロトニンが増えるに伴ってメラトニンが補充され、よく眠れるようになるのです。

**屋外で散歩をして日光を浴びるだけで、筋力がつき、心が安定し、夜もよく眠れるようになりますから、一石三鳥です。**「毎日一万歩めざそう！」などとがんばりすぎる必要はありません。ご自分ができる範囲で続けることが大切です。私の場合は最低一日３０００

歩程度を目安に散歩するようにしています。

- シニアはうつ病のリスクが高まるため、セロトニン分泌の減少に注意し、早期発見と適切な対処が重要である
- うつ病は認知症よりも辛い病気であり、シニアの生活の質を著しく低下させる可能性があるため、予防と治療に積極的に取り組むべきである
- セロトニンを増やすために、肉を含むトリプトファンの多い食事を摂取し、日光を浴びながら散歩をすることが効果的である

# 今日からできる病気の予防法

## 健康診断を過信しない

高齢になってから健康に不安を感じて健康診断をまめに受けるようになったという話をよく聞きます。血圧や血糖値、コレステロール値などの数値を知って予防に役立てたいという気持ちはわかりますが、健康診断を過信するのはよいことではありません。

実際、悪い数値が出て放置しているにもかかわらずピンピンしている人もいれば、正常値のA判定でも心筋梗塞や脳梗塞を起こし、生死をさまよう人もいます。健康診断の結果とちぐはぐなことが起きる理由は、日本の健康診断が相対評価で正常値を決めていることにあります。

**日本では、通常は「健康だと考えられる人」の平均値を基準として、上下95％の範囲に収まっている場合を正常と診断し、その外側の上から2・5％と下から2・5％をすべて異常とみなしているのです。**血液検査を受けると何十種類もの項目の結果が出ると思いますが、それぞれが基準としている数値と健康との関連性について、実はほとんど明らかになっていない、というのが現実なのです。

実際に、健康との関連性が認められているのは血圧や血糖値などせいぜい5項目程度です。つまり、多くの数値については異常かどうかを証明することはできず、さほどあてにならないわけです。

コレステロール値についても同様で、値が高いから健康状態が悪化するかどうかは不明です。少なくとも日本人の調査結果としてコレステロール値と健康状態のよしあしを関連付ける証拠は存在しません。

これが健康診断の数値が悪かった人に対して長期間にわたり追跡調査を行い、

病気との関連性を調べていればよいのですが、日本では追跡調査をほとんど行っていないのが現状です。健康診断の結果で一喜一憂しても、実際はさほど意味はないのです。

本当に大切なのは、自分の体の声を聞くこと。健康診断の数値がよいからと安心し、体調不良を見過ごして対処が遅れては本末転倒です。健康診断は受けなくても、なにか体に変化や異常を感じた時点で早めに病院へ行くように徹底する。そのほうがよほど安心です。

## 受ける意味があるのは脳ドックと心臓ドック

健康診断のなかでも私が受ける価値があると考えているのが、脳ドックと心臓ドックです。これらは心筋梗塞やくも膜下出血など突然死のリスクがある病気を発見するために役立ちます。

心臓ドックは心臓の周囲を取り巻く冠動脈について、動脈硬化が進み細くなっている箇所があるかどうかを診ることができます。万が一詰まりそうになっている場所が見つかれば、血管を広げる治療を受けて心筋梗塞を予防できるのです。

脳ドックで行われるMRI（磁気の力を利用して脳内を撮影する検査）では、動脈の壁が拡張して、血管が膨れ上がってしまう動脈瘤の発見に役立ちます。動脈瘤は放置するとやがて破裂し、死に至る危険があるものです。早期発見できれば予防治療を受けられます。

血液検査の異常値は、あくまで将来的に心筋梗塞になる可能性が「確率的に高い」としかいえません。対して**心臓ドックと脳ドックは、どちらも今の状態を的確に診断するものですから、診断される側としても信頼性が高い検診だといえます。**

ちなみに、日本の血管内治療の技術は世界トップクラスで、海外の要人が治療を受けるために来日するほどです。今後、心臓ドックと脳ドックの重要性がより増していくでしょう。

ただし、ステント術などを研修医など未熟な医師に担当させる病院があるので、心臓ドックを受けても死亡率が下がらないということが、日本でも海外でもいわれています。**「いい医者、うまい医者を探す」（これもＡＩでできます）ということとセットだということは知っておいてください。**

## 一番のがん予防は「我慢しないこと」

日本人の死因のトップはがんであり、２人に１人ががんにかかり、３人に１人ががんで死亡する、といわれています。年代別で罹患率をみると70代から急増することから、特にシニアが恐れる病気です。

がんは生活習慣病といわれ、世の中には「塩分を控える」「野菜や果物を積極的に摂る」「肉よりも青魚のほうがいい」といった予防法があふれています。シニアのなかにはがんを恐れて食べたいものを我慢して粗食にしている人が多くいますが、私の考えは逆です。70歳を過ぎたら我慢をしないほうが元気でいられるのです。もちろん、暴飲暴食は禁物ですが。

**がん予防にいちばん大切なのは免疫機能の維持**です。免疫とはマクロファージや白血球、NK細胞、キラーT細胞、B細胞などのさまざまな細胞が異なる役割を果たしながら体を守ってくれる体内のシステムです。最近の研究では、この免疫システムが心のストレスの影響を受けるということがわかってきました。

実際に、うつ病になると風邪やインフルエンザなどの感染症にかかりやすくなり、肌荒れや疲れやすいといった症状がみられるようになります。不安な気持ちやネガティブな気持ちが免疫力を低下させてしまうのです。

こう考えると、**人生を楽しみ、喜びを感じながら生きることが免疫力の維持、つまりがん予防には大切だといえます。**人は好物を食べると幸福感を得て、前頭葉が活性化します。過度な食事制限で日々ストレスを溜め込むよりも、好きなものを我慢せずに食べておいしいと感じる瞬間が多いほど、健康的なのです。

ただし、お酒の飲み方にはご注意ください。高齢になると会社の人付き合いも減り、一人酒の機会が増える方も多いようです。眠れないから、気分が晴れないからとお酒に頼るようになるといつのまにか酒量が増え、アルコール依存症になる可能性もあります。ベロンベロンになるまで飲むのではなく、軽い晩酌程度にとどめるように気をつけましょう。

## 本当にいい医者の選び方

高齢になると、なにかしらの理由で通院することも増えるでしょう。老後をイキイキと過ごすには、医師選びも重要なポイントとなります。

医療業界ではすでにＡＩの導入が進んでおり、今後は画像、レントゲン、ＣＴ、ＭＲＩ、心電図、眼底カメラといった大量にデータが収集できるものに関しては、ＡＩが診断を下す機会が増えるでしょう。また、診断に基づいてどの薬を処方するかという治療方法の選択も、ある程度はＡＩができるようになります。

今まで医師が行っていたことの一部をＡＩが代替できるようになるとすれば、どこの病院に行っても、同じ基準の診断が受けられて同じような治療方法を提案される可能性があるということです。ＩＴ技術と組み合わせれば、患者さんがどこで暮らしていてもスピーディな診断が可能になり、医師不足が深刻な過疎地な

どにとっては安心な体制ができるでしょう。

こうお話しすると、「それならどこの病院に行っても一緒じゃないか」と思うかもしれませんが、私はいい医者を選ぶためには、別の観点が大切だと考えます。

あなたはかかりつけ医と話をしたあと、気持ちがラクになりますか？「ちゃんと話を聞いてくれない」「いつも杓子定規な答えしか返ってこない」など、モヤモヤを抱えることはないでしょうか。老後を心穏やかに暮らすために本当に頼るべき医師は、あなたが心を許せる医師です。

**もっとも簡単に医師を見分ける方法は、薬について相談してみることです。**医師からすすめられた薬を飲みはじめたらなんとなく体がだるい、頭がぼんやりするというようなことがあれば、素直に相談してみましょう。

たとえば、血圧の降圧剤で不調を感じて相談をしたとします。不調を訴えても「血圧は正常ですから、問題ないですよ」「この薬をやめたら突然死ぬこともあるんですよ。それでもやめますか？」などという答えが返ってきたら、要注意です。

いい医者であれば患者さんの声を聴き、「別の薬を試してみましょう」「血圧は少し高めにコントロールしましょう」などと薬を再考するでしょう。薬の効き方には個人差があり、特に高齢になるほどその差は顕著です。人によっては不調が現れる人もいるのですが、なかにはシニアのみなさんの身体を理解せず、教科書どおりに「血圧を下げるにはこの薬」と決めつける医師もいます。

いくら血圧が安定しても不調が続けば、生活の質が下がってしまいます。**いい医者というのは患者さんが苦しまず、穏やかに暮らせるにはどうしたらよいのかを第一に考えてくれる人であるはずです。**教科書通りに薬を処方するだけなら、それこそＡＩにやってもらえば十分な話です。

ＡＩの導入が進むと、医者の人間的な面がよりクローズアップされるようになるでしょう。患者さんに寄り添う心構えやコミュニケーション力が試されるようになり、教科書通りの対応しかできない医者は淘汰されていくかもしれません。

**医者選びで大切なのは、シンプルに嫌な医者とは付き合わないことです。**話しやすい、診てもらうと安心できると感じる医師と付き合うほうが、心の健康にもいいはずです。

生成ＡＩが進歩すると、二流の医者（今の大学では心の医療などはまったく習いません）より、ＡＩと話しているほうが安心感を得られることにもなっていくでしょう。

## 長寿化で老いと向き合う期間はますます長くなる

「人生１００年時代」といわれて久しいですが、厚生労働省の発表によると、２０２３年時点の日本における１００歳以上の人口は９万２１３９人となりました。

１９６３年時点ではわずか１５３人でしたから、60年で６００倍以上に増えたという計算になります。今後も医学の進歩が進むと考えれば、１００歳を超えて生きることはますます現実的になるでしょう。

元気なシニアが増えた背景には、第二次世界大戦後の栄養状態の改善があります。アメリカから送り込まれた大量の脱脂粉乳の効果などもあり、戦後は日本人の栄養状態が大きく改善していきました。特に戦後生まれの団塊の世代（１９４７〜１９４９年生まれ）の人たちは、戦前に生まれた人と比べると幼い頃から栄養状態のよい環境で育ったため、体格も立派になり、年を重ねても健康で若々しくいられるようになったのです。

私がシニアを診察していても、かつては70代にもなるとヨボヨボになっている方が多かったものですが、最近の70代はまだまだ元気な人が多い印象です。70代中盤の方は、まさに団塊の世代の人たちです。

寿命が延びることは「老いと向き合う時間が長くなること」だともいえます。昔はせいぜい10年ほどだった老いの期間が15〜20年に延びる。そう考えると、昔描いていた人生設計では無理が生じます。これからは「老いの時間をどう生きるか」がますます重要になっていくことでしょう。

**人生１００年時代を想定すると、70代は老いの時間を自分らしく生きるための備えの年代だと考えられます。**年代はあくまで目安の話であり、もちろん誰しも「今、このとき」が一番若いのですから、現在80代、90代の人は今を備えのときだと捉えてもいいのです。

これまでにもお話ししてきたように、体が衰えても、ＡＩは人間の衰えた能力をサポートしてくれます。

ＡＩ自動運転車はシニアや身体障害者の移動をサポートしますし、運転能力が低下しても、ＡＩが安全に目的地まで連れて行ってくれます。

介護ロボットは、24時間体制でシニアの健康状態を管理し、日常生活のサポートを行ってくれます。

ＡＩアシスタントは、予定管理や薬の服用時間の通知など、記憶力が低下した人の日常生活をサポートしてくれます。

スマートホームのＡＩシステムは、照明や温度調整、セキュリティなどを自動で管理し、認知症の人の生活をサポートします。

医療分野では、ＡＩを活用した画像診断支援システムにより、医師の診断をサポートし、見落としを防いでくれます。

ＡＩによる健康管理アプリは、日々の健康状態を分析し、異常を早期に検知することができます。

このように、ＡＩは人間の能力が衰えた場合でも、さまざまな面でサポートし、より長く自立した生活を送れるよう支援してくれるわけです。つまり、シニアのみなさんにとっては明るい未来が待っているのです。

## 早い段階でAIと仲良くなろう

老いと闘うために、今までにお伝えした老いの知識をぜひお役立てください。

そしてもう一つ、老いと闘う方法として、早い段階でＡＩを使った機器やサービスを使ってみてください。

スマホを持っている方は、Siri（シリ）やAlexa（アレクサ）などのＡＩアシスタントに明日のお天気を聞いてみるだけでも大きな一歩です。ちなみに、「いつもありがとう」と話しかけると、「どういたしまして」と答えたり、「早口言葉を言ってみて」というと流暢な早口言葉を披露してくれたりもします。ちょっとした会話を楽しんでみると、ＡＩに親しみが湧いてくるのではないでしょうか。

なんとなく機械に苦手意識があると、「そのうちやってみよう」と後回しにしてしまうかもしれませんが、まずは試すことが大切です。年をとると脳の老化が原因で、意欲が失われる可能性もあります。そうなると、ますます新しいことへの挑戦が億劫になりますから、**できるだけ早いうちにＡＩの存在に慣れていただきたいのです。**ＡＩには学習機能があるので、話しかけていくと会話の内容がどんどんあなた好みになっていきます。

ＡＩは難しい操作を必要としませんから、一番のハードルは自分自身の抵抗感だといえます。「こんなものなんだな」と慣れてしまえば、この先ＡＩを搭載し

た新しい商品やサービスが登場した際に取り入れやすくなるでしょう。
そしてなにより、ＡＩに慣れることは老後の楽しみ方の幅が広がるだけでなく、脳の活性化にも必ず役に立ちます。これからの時代はＡＩやテクノロジーを使うかどうかで老後の生き方が決まるといっても過言ではありません。

- 健康診断の結果を過信せず、自分の体調の変化に注意を払い、必要に応じて早めに受診することが重要である
- がん予防には免疫機能の維持が大切で、ストレスを避け、好きなものを適度に楽しむことが健康的な生活につながる
- 人生100年時代に向けて、早い段階からAIやテクノロジーに慣れ親しむことで、老後の生活の質を向上させることができる

## 第３章のまとめ

- □ AI の普及により、人々の生活や常識が大きく変わろうとしている
- □ 長生きすることよりも、長生きしてよかったと思える時間を過ごすことが大切
- □ うつ病はシニアにとって深刻な問題であり、予防と早期発見が重要
- □ セロトニンを増やすために、肉を食べることと散歩をすること
- □ 健康診断の結果を過信せず、自分の体の声に耳を傾けることが大切
- □ がん予防には免疫機能の維持が重要で、我慢せずに楽しく生きることが一番の薬
- □ 医師選びでは、患者の声を聞き、寄り添ってくれる医師を選ぶこと
- □ 早い段階で AI に慣れることが、将来の生活の質を高めるために重要

# 第4章

# AI時代は
# わがままに生きれば
# うまくいく

# 社会を明るくするのは「わがままを言えるシニア」

## 我慢が当たり前の日本社会

第3章でも少し触れましたが、がんによる死亡者が増えているのは、世界の先進国の中で日本だけです。日本は医療も進歩していますから、死亡者も減っていくはずなのに、逆の現象が起きているのです。つまり、医療の進歩が追い付かないくらい、がんに罹患する日本人が増えているということです。この原因についてはいろいろと議論が交わされていますが、私は**「患者に我慢させろ」という考え方が元凶だと思っています。つまり、我慢することによるストレスが問題なのです。**

がん細胞は健康な人の身体にも存在しますが、通常はがん細胞が少ないうちに免疫細胞が食べてくれるため、がんになることはありません。ところが免疫機能が低下するとがん細胞の掃除ができなくなり、やがてがんになってしまうわけです。

免疫機能の低下はストレスが大きくかかわっています。嫌なことを続けたり、好きなことを我慢したりといった生活をしているうちにストレスがかかり、免疫機能が低下してしまうのです。

高齢になると、心筋梗塞や脳梗塞を予防するために「コレステロールを減らしましょう」「体重を落としましょう」などと医師から言われ、禁止事項が増えていきます。あれはダメ、これもダメと言われてはストレスが溜まるのも無理はありません。

**心筋梗塞や脳梗塞への過度な心配がストレスを招き、免疫機能を低下させる。冗談ではなく、健康のために死んでいる人がたくさんいるのです。**

経済に関しても同じです。やれ物価が上がる、税金が上がるとなるとメディアが決まって取り上げるのが「節約術」です。本来、消費行動を活発にしなければ景気はよくならないのに、我慢だ、清貧だ、節約だという。これでは財布は固くなるばかりですし、気持ちも前向きになりません。我慢ではなくて、よりよい社会にしたいから要求する。それが当たり前になってしかるべきだと思うのです。

## 「いい年をして」は呪いの言葉

さらに、世の中には人に我慢を強いる偏見があります。たとえば「年をとったら質素であるべき」という考え方。この考えにそぐわないことをすれば、「いい年をして」「年甲斐もなく」などとバカにする人もいます。

こうした年齢による偏見や差別を「エイジズム」といいます。派手な服を着ているシニアの方に「年相応にしたら?」と言うような言葉の偏見だけでなく、年齢を理由に雇用契約を結ばない、運転免許の返納を迫るということもエイジズムに該当します。

エイジズムは、レイシズム（人種差別）、セクシズム（性差別）に続く、3番めの重大な差別であるとされているほどです。

米オクラホマ大学の調査によれば、対象者（50～80歳の男女、2035人）のうち、93・4％が、日常生活のなかでたびたびエイジズムを経験していることが明らかになっています。日本よりも偏見や差別問題への意識が高いアメリカでも、エイジズムは蔓延しているのです。

私が問題に感じるのは、エイジズムをシニア自身が受け入れてしまうケースが多いということです。元気で好奇心旺盛な人であっても、「そういうものなのか」と納得して自由を手放してしまう……まさに呪いの言葉です。

そもそもこの考え方が正しいのかといえば、なんの根拠もありません。質素な暮らしを好む人であればともかく、ぜいたくをしたっていい。誰だって好きなことをして、やりたいことをやって幸せに生きればいいのです。

## 元気に長生きできるのはわがままな人

老後はあなたが一番自分らしく自由に生きられる時間です。何十年も働き続けてきた人も、子どもを一生懸命育ててきた人も、それぞれの役割を果たすべく、理不尽なことにも耐え抜いてきたことでしょう。若い頃は自分の欲を我慢することで、プラスに働いたこともあるでしょうが、年をとったら世間体や慣習にとらわれる必要はないのではないでしょうか。

**老後は、ようやく手に入れた、あなたのための時間です。周りに迷惑をかけないようにと、我慢して過ごすなんて非常にもったいない話です。**やりたいことをやってみましょう。新しい趣味をはじめてみたり、なにか自分へのご褒美を買ったっていい。「今すぐはピンとこない」という人は、まずはいろいろ想像してみましょう。それだけでもワクワクしてくるはずです。

新しい経験や好きなことで喜びを感じる体験は、前頭葉を活性化させます。逆に、我慢ばかりしてふさぎ込んでしまったら、脳にも体にもよろしくありません。多少わがままであっても、人生を好きに楽しむことがなによりの健康長寿の秘訣です。

## できないことが問題発見につながる

「昔はテキパキとできていた家事も、今は時間がかかって仕方がない」
「新しいことをなかなか覚えられない」
「街中で小さな段差につまずくようになった」

年をとると身体が衰え、若い頃よりもできなくなることが増えていきます。悲しくなるかもしれませんが、できないことが役に立つということが大いにあるのです。

人は自分が苦もなくできていることには、さほど注意が向かないものです。たとえば、道路の段差は歩行能力に問題がない人はなんなく通り過ぎるでしょうが、シニアや小さな子ども、足にケガをしている人、歩行障害のある人にとっては危ない場所ですから注意が向きます。ここに、**できないからこその「気づき」があるのです。**

私は、AI時代は問題を発見する力が求められると考えています。問題を直接解決するのはAI、人間は問題点を見つける力が必要になるということです。できないことによる「気づき」は貴重な問題発見力です。

## どんどんAIに「命令」していこう

「気づき」に加えて、AIへの「命令」がより大事になってきます。

ChatGPTが出てきた際、「どういう質問をするか」で活用の方法がまったく変

わってくることが話題になり、そうした関連書籍も一時期数多く出版されました。ＡＩというものは、ただそこに存在しているだけでは意味がなく、有効的に活用するというのが大事なんだなと多くの人が気づいた出来事でした。

先述したように、医療現場ではＡＩの導入により、患者さんに寄り添う心構えやコミュニケーション力が試されるようになっていきます。すべての診察をＡＩに任せきりにするのではなく、ＡＩにうまく質問・命令をして、目の前にいる患者さんにとって最適な道を導ける「人間的な医者」が求められる時代になっていきます。

今後、**各分野にますますＡＩが導入されていきますが、すべてをＡＩに頼るのではなく、問題解決に向けた「命令」が意識されていくことでしょう。**

大切なことは、ＡＩを使うことが「ずるい」というような心理的抵抗をなくすことです。ＡＩになんでも命令すべきですし、その命令を考えることが大事になってきます。ＡＩは、現状のものをイメージするのでなく常に進歩していきます。どんどんＡＩに命令をして、ＡＩが持つ能力・魅力を存分に堪能していきましょう。

## シニアのわがままが日本を元気にする

特に、高齢化が進む日本では、老いることに対する不便さや悩みを感じる人が増えていきます。

「料理が好きだけど手先がおぼつかなくて、下ごしらえが難しい。調理を手伝ってくれるロボットがほしい」

「車いすで気軽に遠出したい。もっとスピードが出せる車いすがほしい」

こうした、できないからこその気づきが世の中に届けば、便利な商品が開発され、多くの人の暮らしがより豊かになる可能性があるのです。

できないことは恥ずかしいことではありませんし、我慢しなければいけないことでもありません。**問題を見つけて要求する力は「必要なわがまま」だと思います。**

先述したように、日本と同じく高齢化が進む国でありながら世界幸福度ランキング上位を維持しているデンマークは、シニアにやさしいデジタル社会の実現に向かっています。日本のシニアのみなさんにぜひ見習ってほしいのが、デンマークのシニアたちの姿勢です。デンマークではシニアが国や企業へ積極的に要望を出し、福祉機器などの開発を推進しているのです。わがままを言えるシニアが社会を元気にするといっても言い過ぎではないでしょう。

**どんどん「厚かましく」「図々しく」AIを利用することで、あなたの老後は楽になり、毎日を楽しく生きられるということです。**

ここまででもお話ししてきたように、人（配偶者や子どもを含めて）に嫌われてもAIが話し相手になってくれますし、AIを積んだロボットが家事をみんなやってくれるのです。家族からの冷たい眼差し、幸せそうな友人との比較などまったく無意味で、人目を気にせずに自由に生きていいようになってくるのです。

たとえ歩けなくなっても、ＡＩ車いすで自由に動けます。最近の夏の酷暑のように、歩くのがしんどいシチュエーションでは車いすでどこにでも行けます。もし認知症になってしまったとしても、ここでもＡＩがさまざまなサポートをしてくれる、というのはこれまでにも述べてきた通りです。ボケることを恐れなくていいのです。

## 元気なシニアは日本の救世主

日本やデンマークだけでなく、多くの国で高齢化が進んでいます。シニア向けの商品やサービスを生み出すことは、日本だけでなく世界中の人に役立ちますから、国や企業にとっては大きなビジネスチャンスだといえます。

現在、日本の人口の30％近くが65歳以上です。ビジネス的な側面で考えればこれからシニアとなる人を含むシニア層は巨大なマーケットなわけです。シニアがどんなことに困っているのか、どんな暮らしを望んでいるのか、知りたいと思えばいくらでも生の声が聴ける環境であるにもかかわらず、国や企業はなかなか注目しません。

なにも福祉機器だけでなく、もっとシニア向けのエンターテインメントが発展してもいいはずです。なぜ国や企業がシニアのマーケットに目を向けないのかというと、エイジズムによる勝手なイメージが大きく影響しているのでしょう。

「年寄りは消極的だ」

「年をとってから遊びまわっている人なんていないだろう」

というようにです。実際、元気なシニアはたくさんいるというのに、福祉を受ける対象だとしか思われていないようです。

ちなみに、65歳以上の人のうち、要介護もしくは要支援の認定を受けているのは全体の約19％に過ぎません。実際、８割以上の人は自立した生活をしているのです。アクティブに活動しているシニアのほうが圧倒的に多いのです。

シニアは他の世代と比べて時間にゆとりもあります。元気であればショッピングや旅行を楽しむ人もいるでしょうし、スポーツやエンターテインメントが好きな人もいるでしょう。つまり「優良な消費者」なのです。

**「年をとったら社会のお荷物」などと卑下する必要はありません。シニアが積極的に人生を楽しむことが、社会と経済の発展につながる。シニアは日本の救世主だと思っています。**

- 我慢や偏見によるストレスが健康に悪影響を与えるため、シニアは自分らしく生きることが大切である
- シニアの「できないこと」による気づきは、問題発見力として社会に貢献し、新たな商品やサービスの開発につながる可能性がある
- 元気なシニアは大きな消費者層であり、積極的に人生を楽しむことが社会と経済の発展に寄与する可能性がある

# 人生を最期まで楽しむ6つの考え方

## AIという名のアシスタントと生きる未来

「ＡＩの進化はシニアにとって大きな福音だ」


冒頭よりお伝えしてきたこのメッセージに共感いただけたでしょうか？

ＡＩは自ら考え動いてくれる「アシスタント」であり、ＩＴのように人間が使いこなせるようになることを必要とする「道具」とはまったく違います。あなたに必要なのは「何をしたいのか」を伝えることだけ。たとえあなたがのび太君のような怠け者でも、ＡＩはドラえもんのようにあなたを支えてくれるでしょう。

老いによる脳や身体機能の低下はＡＩがカバーしてくれます。

たとえば、次のようなことです。

・できなくなった家事を代わってもらい、今まで通りの生活のクオリティを維持する。

・わずらわしい人間関係に固執しなくても、好きなときにおしゃべりが楽しめる。

・新しいことにチャレンジする楽しみが増える。

こう考えると、ひとりで老後を暮らすことになっても怖くないのではないでしょうか。好きなことをして楽しめる老後なら、もっと長生きしてやろうと思いませんか？

そして、**シニアにとって使いやすい商品やサービスを増やすためには、シニア自身が要求していく姿勢も大切です。**ＡＩは人間の予想を上回るスピードで進歩しています。今までの常識では「できるわけないだろう」と思うことも、実現する可能性は十分にあります。固定概念にとらわれることなく、わがままに自由にアイデアを声に出していくべきなのです。

ここからは本書の最後のメッセージとして、私が大切にしている「人生を最期まで楽しむための考え方」をみなさんと共有したいと思います。元気に長生きをして、めいっぱいＡＩ時代を満喫しましょう。

## ①終活よりも今を大切にしよう

ここ数年、人生の最期に向けた事前準備である「終活」がブームになっています。断捨離をしたり、財産関係を整理したり、葬儀やお墓を準備しておいたり……と考えればきりがありません。遺族に迷惑をかけたくないという気持ちもわかりますが、終活に時間やお金を使い過ぎるのも考えものです。

**死ぬための準備に気をとられては、生きる意欲も低下してしまいます。長生きを楽しむというのは、今生きている瞬間を大切にすることです。**

個人的には、高価なお墓を買うことも疑問に思います。少子化が進む現代では、三代先にお墓を守ってくれる人がいるかどうかもわかりません。同じ金額のお金を使うのなら、生きている時間のために使うほうがよほどいいと思います。

## ②「好き」と「やりたい」を優先する

周りの目を気にしていい人を演じたり質素に生きるよりも、自分の気持ちを優先して日々を過ごすほうがよほど健全です。「自分は何が好きなのか」「自分は何をやりたいのか」に意識を向けましょう。

**他の世代と比べて時間にゆとりのあるシニア層は、日本を支える優良な消費者です。好きなこと、やりたいことをして消費するほうが、よほど社会にとってありがたい存在であることを忘れないでください。**元気に働いて労働力として活躍することももちろん立派ですが、消費者であることも立派な社会貢献です。

好きなことややりたいことを優先するようになると幸福感が高まり、心穏やかに過ごせます。おいしいものを食べたり、旅行に行ったり。孫や子どもとの思い出づくりにお金を使ったっていいでしょう。大切な人へプレゼントをするのも有意義な消費です。美容に興味がある人であれば、アンチエイジングで若々しさを保つことも喜びになります。新しい体験や喜びを感じる体験は、前頭葉を活性させるいい方法でもあります。

## ③ 備えすぎない勇気

AIの登場は産業革命以来の大きな変革だといわれています。今後、世の中がどう変わっていくのか、正確に予測できる人は誰もいないでしょう。今を基準にして考えるのではなく、「どんなふうに変わるかわからない」ということを前提に、しなやかに生きられる人が人生を楽しめるはずです。

たとえば、介護ロボットは年々進化しており、活躍の幅が広がっています。「家庭に一台、介護ロボット」なんて未来も十分に現実的です。「介護をしてもらいたいから子どもがほしい」「子どもに嫌われると困るから財産を残す」なんて価値観はばかばかしくなるかもしれません。

また、大きく変わりそうなのは語学勉強の必要性です。今は英語を話せると評価される場面や役立つ場面が多いかもしれませんが、AIの自動翻訳技術が進化すれば、まったく必要のないスキルになるかもしれません。

もっと極端な推測をすれば、**人間にとって仕事が趣味になるという可能性だってあります。**ＡＩが本格的に肉体労働や士業などを代替するようになったら、ベーシックインカムが当たり前になり、「働かざるもの食うべからず」という発想もなくなるかもしれません。そうなれば、人間は自分の学びや楽しみとして仕事をするようになるでしょう。

つまり、**今を基準にあれもこれもと備えをしていては、ただの取りこし苦労に終わることもあるということです。**人生を終えるときに、「もっと生きている時間を大事にすればよかった」と後悔しないためにも、備えすぎない勇気も必要です。

## ④ 元気でいられる一番の方法は「働くこと」

高齢になっても活動レベルを落とさない一番手っ取り早い方法は働くことです。ただし、お金稼ぎや成果を上げることを目的とするよりも、自分の経験や知識を活かすことや、人の役に立つことに価値を置くといいのではないかと思います。

シニアのみなさんは今までの人生で得てきた豊富な体験や知恵を持っています。若い人の悩みに寄り添い、適切なアドバイスを送ることもできるでしょう。

「失敗学」を提唱する東京大学名誉教授の畑村洋太郎さんは、定年退職した人向けの新しいポストとして、「相談役」の設置を奨励しています。名誉職としての相談役ではありません。仕事の悩み、人間関係の悩み、ハラスメントの悩みなどを抱えた社員の相談相手となるのです。定年退職をした人であれば社内の利害関係もありませんから、社員も安心して話せるのではないでしょうか。

こうしたポストをつくることは、シニアの張り合いにもなりますし、社員のメンタルヘルスの改善にも役立つ、とてもいい方法だと思います。

**社会とつながる喜びや何かの役に立つ充実感は、脳にとってもよい刺激になります。**自分のできる範囲で十分です。ほんの少しでも働き続けることは最高の老化防止になります。

## ⑤ 人生は壮大な「実験」

なにか新しいことに挑戦するとき、「失敗したらどうしよう」と不安が先立つ人もいるでしょう。ですが、失敗していいのです。失敗のなかには成功のヒントが詰まっているのですから。世の中の偉人たちも数々の失敗を経て大きな成功をつかんできました。

人生の挑戦は「実験」のようなもの、そう考えてみると心が軽くなります。本を選ぶ、友人を選ぶ、ラーメン屋を選ぶことも実験です。おもしろい本なら実験成功、つまらなかったら実験失敗。**失敗があるからこそ成功したときのうれしさは大きいですし、失敗も一つの体験として楽しめばいいのです。**

ＡＩ時代は、今までよりもお金も時間もかけずにさまざまな実験ができるようになります。作画や作曲にも挑戦もできますし、資産運用も安い手数料でＡＩアドバイザーがついてくれます。ＶＲなど他のテクノロジーも活用すれば、家にいながら現実と見間違えるような精巧なバーチャル世界でゲームをしたり、疑似海外旅行も楽しめます。

失敗を怖がらず、どんどん実験してみましょう。「残りの人生でどれだけ実験ができるかな」と考えれば、日々の過ごし方も変わってきます。

## ⑥「ある」ことに目を向ける

これまでに多くのシニアを診てきましたが、幸せそうな患者さんにはある共通点があります。それは「ある」ことを大切にしている人だということです。老いてできなくなったことばかりを考えて生きている人よりも、老いを受け入れて**「まだこれができる、あれもできる」と「ある」ことに目を向けている人は、日々に幸せを感じられるのです。**


幸せかどうかというのは本人の主観で決まります。周りから見てどんなに恵まれた環境にいる人でも、本人が不幸だと思えば不幸ですし、逆もしかりです。

「今日もおいしいご飯が食べられて幸せ」

「晴れ渡る日に散歩ができて幸せ」

「新しい本を一冊読み終えられて幸せ」

と、日常のささやかな幸せを見つけられる人は、どんどん幸せになれます。

老いや現状を受け入れて、今できることを大事にする。この考え方ができれば「長生きして本当によかった」と笑顔で最期を迎えられるように思います。

- AIはシニアの生活を支援し、クオリティを維持する強力なアシスタントとなり、老後の不安を軽減する可能性がある
- 人生を最期まで楽しむためには、終活よりも現在を大切にし、自分の「好き」と「やりたい」を優先することが重要である
- シニアは豊富な経験を活かして働き続けることで活動的に過ごし、失敗を恐れず新しいことに挑戦し、「ある」ことに目を向けて日々の幸せを見出すことができる

## 第4章のまとめ

- □「わがままなシニア」が日本をどんどん明るくする
- □我慢や過度な節制よりも、自分の欲求に正直に生きることが健康的
- □AIの進化により、シニアの生活がより便利で豊かになる
- □「できないこと」からの気づきが新たな製品やサービスを生み出すきっかけになる
- □シニアは消費者として経済を支える重要な存在である
- □AIを積極的に活用し、どんどん「命令」することに慣れよう
- □AIはシニアにとって大きな福音、老後の生活をより豊かにする存在

# おわりに

## あなたの「図々しさ」が老後をバラ色に変えていく

本書を通じて、ＡＩを賢く活用することでこれまでの老後の常識を覆し、より自由で快適な生活を送れることをお伝えしてきました。

従来の老後観では、健康維持や社会とのつながりを重視するあまり、ともすれば窮屈で制約の多い生活を強いられがちでした。しかし、**ＡＩの進歩により、私たちは新たな選択肢を手に入れたのです。**

ＡＩを搭載したロボットが家事や介護をサポートし、ＡＩを搭載した自動運転の車いすが移動の自由を提供します。さらに、ＡＩが話し相手となり、認知機能の低下も補完してくれます。

これらの技術を活用すれば、孤独や体力の衰えを恐れず、そして認知症の不安にも怯えることなく、自分らしい生活を送ることができるのです。

もちろん、ＡＩにすべてを任せ切りにするのではなく、人間らしい温かみのある関係性も大切にしながら、ＡＩをうまく活用していくことが肝要です。

**ＡＩの時代はシニアにとってはバラ色で、いろいろな苦労も心配もしなくていいのです。**本書で提案してきた「図々しい」生き方は、決して他人に迷惑をかけることではありません。むしろ、ＡＩの力を借りて自立し、周囲に頼り過ぎない生活を実現することで、家族や社会の負担を軽減することにもつながるのです。

高齢化が進む日本社会において、ＡＩの活用は避けては通れません。ＡＩを恐れるのではなく、賢く使いこなすことで、誰もが自分らしく、豊かな老後を過ごせる社会の実現を目指しましょう。

本書が、みなさんの新しい老後観を築く一助となれば幸いです。

２０２４年11月　和田秀樹

和田秀樹（わだ　ひでき）

1960年、大阪府生まれ。東京大学医学部卒業。精神科医。東京大学医学部附属病院精神神経科助手、アメリカ・カール・メニンガー精神医学校国際フェローを経て、現在、和田秀樹こころと体のクリニック院長。立命館大学生命科学部特任教授。一橋大学経済学部非常勤講師（医療経済学）。川崎幸病院精神科顧問。高齢者専門の精神科医として、30年以上にわたって高齢者医療の現場に携わっている。2022年総合ベストセラーに輝いた『80歳の壁』（幻冬舎新書）をはじめ、『70歳が老化の分かれ道』（詩想社新書）、『老いの品格』（PHP新書）、『和田式　老けないテレビの見方、ボケない新聞の読み方』（白秋社）、『逃げる勇気』（自由国民社）など著書多数。

## AI《エーアイ》を賢《かしこ》く利用《りよう》して老後《ろうご》を図々《ずうずう》しく生《い》きる

2024年12月20日　初版発行

著　者　和田秀樹　©H.Wada 2024
発行者　杉本淳一

発行所　株式会社日本実業出版社　東京都新宿区市谷本村町3-29　〒162-0845

編集部　☎03-3268-5651
営業部　☎03-3268-5161　振　替　00170-1-25349
https://www.njg.co.jp/

印刷／製本　リーブルテック



ISBN 978-4-534-06140-9　Printed in JAPAN